小宮一慶
経営コンサルタント

ビジネスマンの
「必須スキル」
シリーズ

読む力ドリル

Reading skill
is essential for your business success.

大和出版

はじめに　「読む力」があなたの仕事を劇的に変える!

仕事は結果がすべて

　ビジネスシーンでは、企画書作りやプレゼン、上司への報告をはじめ、「書く」「話す」「まとめる」などのアウトプットが必要で、それらに力点が置かれることが多いですよね。

　これは当然のことです。仕事は、良質なアウトプットを生み出せるかどうかがすべて。言い換えれば、「結果」がすべて。

　あなたが一生懸命勉強しようが、残業しようが、その「過程」は相手には何も関係ありません。仕事は「アウトプットの良し悪し」だけで判断されます。クオリティが高ければ喜んでもらえるし、低ければ、二度と頼まれません。ただし、良質なアウトプットを生み出すために、欠かせないものがあります。

　それが、良質な情報をインプットすること。

　インプットは、仕事の「過程」の1つに過ぎません。しかし、ここに磨きをかけておくことで、アウトプット、すなわち「結果」が大きく変わってくるのです。

ただ「読む」だけでは、インプットできない

　このインプットをするうえで、何より必要なのが「読む力」です。
　本や新聞を読んでただ多くの情報を集めればいい、ということではありません。

　「読む」には技術が必要です。

ご存じでしたか？「文章の書き方」など、「書く」ことにスポットをあてた本は多いと思いますが、実は、「読む」のも、「書く」のと同様、いや、それ以上に技術が求められます。

早速ですが、準備運動がてら、ダルビッシュ有投手のことについて書かれた次の新聞記事を読んでみてください。

> ダルビッシュ、レンジャーズと契約合意　6年46億円
>
> 　ポスティング（入札）制度で大リーグ移籍を目指していた日本ハムのダルビッシュ有投手（25）が米国時間の18日、独占交渉権を獲得していたテキサス・レンジャーズとの契約に合意した。球団側が同日、正式発表した。米メディアによると、6年契約で、年俸総額は6千万ドル（約46億円）。同制度を利用した選手の中では、2006年オフに西武からレッドソックスに移籍した松坂大輔投手の6年総額5200万ドルを上回る史上最高額の契約となった。ダルビッシュ投手を巡っては、7球団程度が入札に参加したと見られ、大型補強を目指していたレンジャーズが過去最高の入札額約5170万ドル（約39億8千万円）で独占交渉権を獲得していた。
>
> 　　　　　　　　　　　　　　　『朝日新聞』（2012年1月19日）

「これぐらい、すぐに読めたよ」と思った人。では、質問します。

> 【質問】この新聞記事には、何が書かれていましたか？　読み返さずに、50字程度で簡潔に述べてください。

本書の編集者Mさんにも同じ質問をしたところ、次のように答えてくれました。

 ダルビッシュ有投手が、テキサス・レンジャーズと6年間で総額6千万ドルの契約を結んだ。

さすが、編集者ですね。的確に答えてくれました。

とはいえ、この質問は、文章の主旨をきちんとつかんでいるかを確認するためのもの。「読む技術」としては、初歩の初歩の部類に入ります。難なくクリアできた人もいるのではないでしょうか。

もしも「何が書かれているか、文章の主旨を答えることが、意外に難しかった」と感じた人は、"単に活字を追っている"だけかもしれません。単に活字を追うだけなら、国語を習った人ならだれでもできます。

でもそれは、「読んだ」うちに入りません。つまり、「読む技術」の1つ目は、これです。

読む技術①　正しく内容を「理解する」技術

文章に書かれた筋道や道理が分かり、正しく内容を理解して初めて「読めた」と言えるのです。主旨が言えないのは、理解していない証拠。読んだ"つもり"になっているだけです。

書いていないことも「読む」

では、引き続き、先の新聞記事について、もう1つ質問します。

【質問】なぜ、ダルビッシュ有投手は、こんなに多額の年俸をもらうことができるのでしょうか。

再び、編集者Mさんにも聞いてみました。

え……? そのことは新聞記事には書いてないようですが……。

　その通り。記事に答えはありません。ですが、これも「読む技術」に大いに関係します。単に内容を理解するだけでなく、その中身の深いところまで読めたらいいですよね。だから、ちょっと考えてみてください。
　なぜ、ダルビッシュ有投手は多額の年俸をもらえると思いますか。

能力があるから……じゃないですか?

　目のつけどころは素晴らしいです。でも、不思議だと思いませんか。どうして日本の球団よりも、アメリカの球団の方が多額のお金を払ってくれるのでしょうか? 彼の非凡な才能は、日本にいようがアメリカにいようが変わらないはずですよね。日本が彼を過小評価しているのでしょうか。

いえ、違うと思います。アメリカの方が日本よりもお金があるのでは? だから、能力のある人にたくさんお金を払える!

　もっともらしい気もします。でも、本当に、そうでしょうか?
　本当に、アメリカの方が日本よりもお金があるのでしょうか?
　疑問に思ったら、さっそく、検証です。

　「検証」という言葉を難しくとらえないでくださいね。これは「いろんなことを知っていると文章の読め方(「読み方」ではない)が違う」ということを実感していただくための訓練ですから、ついてきてください。

検証してみよう

　その国にお金があるか、つまりは、経済的に豊かどうかは、GDP（国内総生産）という指標で表すことができます。GDPは、ご存じですか？重要な指標ですから、覚えておいて損はありません。

　GDPとは、国内で新しく生み出された付加価値の合計額です。

　付加価値とは、「新しく生み出された価値」のことであり、たとえば企業の付加価値であれば、「売上げ－原材料費などの仕入れ」で表せます。

　このGDPですが、日本はドルに換算すると約6兆USドル。アメリカは、15兆USドルほどあります。ただし、アメリカの人口は日本の約2.3倍。

　つまり、1人あたりのGDPに換算し直してみると、日米でそれほど大きな差にはなりません。

　そして、稼いだ付加価値のかなりの部分は、各企業によって給与として分配されていますから、1人あたりの給与も平均するとそれほど変わらないということになります。

　残念ながら、先ほどMさんが考えてくれた「アメリカの方が日本よりもお金がある」という答えは、ハズレです。

　話が振り出しに戻ってしまいました。

　経済的な豊かさは変わらないのに、なぜ、ダルビッシュ有投手の報酬はアメリカの方が高いのでしょうね。しつこいなあと思うかもしれませんが、「疑問に思ったら、考える、調べる、追求する」クセをつけておくのは、すごく大事なことなんですよ。

ん……。でも、ちょっともう分かりません……。

では、ヒント。アメリカでは、スポーツ選手に限らず、会社の経営者などのなかにも、年俸が1億ドルを超える人がいます。これは何を意味すると思いますか。

……あ！「格差」？アメリカは、一部の人たちだけが多額の報酬をもらっていると聞いたことがあります。

その通りです。アメリカでは、一部の人だけ、非凡な能力のある人だけに高額な報酬が集中しています。ダルビッシュ有投手も、これにあてはめられるんですね。これは、見方を変えれば、「その他大勢の人は、それほど高くない賃金に甘んじている」と言えるのです。

先ほども見たように、給与の原泉である1人あたりのGDPはそれほど変わらないのです。それを象徴するのが、昨秋に盛んにニュースで取り上げられた、ウォールストリートのデモです。その後、デモは全米に拡大しましたが、それほど低所得者層の人の不満は募っていたのです。

これについて、もう少しだけ話しておきましょう。富裕層と低所得者層のような、いわゆる「二極化」が進行した大きな原因はなんだと思いますか？

なぜ、所得の「二極化」が進んだのか？

それはアメリカでは、仕事を細分化してマニュアル化することが進んでいて、だれでもできる仕事がたくさんあるからだと私は思っています。

マクドナルドを見れば分かるように、世界中でだれもが同じオペレーションができるように仕事をシステム化することが、アメリカ人はとても得意です。

それは、アメリカが多民族国家であり、文化や伝統が違う人たちが混在

して暮らしていることも、大きく影響していると私は考えています。

　一方、日本では、単一民族ということもあって、「阿吽」の呼吸で仕事を進めることが少なくないために、マニュアル化、システム化がそれほど必要とされていないとも言えます。

　こうしてアメリカではシステム化が進み、だれもができる仕事の賃金の抑制傾向が強まる一方、能力差がすごく出る、プロ野球選手や経営者、さらには研究者や営業職、ディーラーといった職種では、稼ぐ人はすごく稼ぐようになったのです。もちろん、それらの職種でも稼げない人は低賃金に甘んじています。

　それでは、日本では米国のように、所得の二極化が進まないのでしょうか？　私はそうとは思っていません。

　その理由の１つに、コンピュータの発達により「差別化しにくい（＝だれでもできる）仕事が増えた」ことが挙げられます。

　分かりやすい例が、スーパーやコンビニです。昔は、長年働いた人のなかには、「レジ打ちの達人」がいましたが、今は、POSシステムの発達により、働き始めた日から、10年選手と同じ仕事ができるようになりました。ハイテク化により多くの仕事が単純化されたのは、良いことです。

　しかし、結果として、だれがやってもあまり差がつかない仕事が増えてしまったのです。

　そのことが、パートや派遣社員などの非正規社員の増加につながりました。

　日本も、そうなりつつありますよね。今後、こうした二極化は日本でも進むのではないかと考えられます。

　さて、長くなりましたが、ダルビッシュ有投手の報酬の話題から私が

"読めた"ことは、こんなところです。

実は、「読む技術」の2つ目と3つ目が、これなんです。

<mark>読む技術②　幅広く「関連づける」技術</mark>
<mark>読む技術③　深く「掘り下げる」技術</mark>

「理解」「関連づけ」で、情報を深く掘り下げる

ある文章を読んだとき、その内容を「理解する」のが大切なのはもちろんですが、それはファーストステップです。もう一歩踏み込んでさまざまなことを「関連づけ」、深く「掘り下げ」てほしいのです。

1つの新聞記事を読んだとき、

<mark>① ダルビッシュ有投手の年俸って高いな</mark>

で、終わってしまうのと、

<mark>② ダルビッシュ有投手の年俸が高いのは、アメリカ社会が抱える二極化の問題に行き着くのではないだろうか</mark>

<mark>③ さらにはそれが日本でも起こるのではないだろうか</mark>

まで「掘り下げ」ながら考えるのでは、インプットの量も質も全然違いますよね。

ビジネス書を読むのもひと苦労という人にとっては、はじめは、本の内容を「理解する」だけで精一杯かもしれません。

けれど、読み方の基本を知り、実践を積んでいけば、少しずつですが、「他の物事との関連づけ」「深い掘り下げ」ができるようになります。

まさにそれが「読む力」であり、良質なアウトプット、つまり、仕事力の強化にもつながっていくと思います。

問題に答えながら、「読む力」を身につける!

　本書は、すでに発売されている『「読む」「書く」「考える」は5分でやりなさい！』の「読む」トレーニング版にあたります。随所で問題を出し、解説を加えていくというスタイルをとっているので、ぜひトライしてみてください。

　自分の「読む力」を確かめ、足りない個所があれば、そこを意識しながら、日々の新聞、会社の書類、ビジネス書などを読むようにしてください。地道なようですが、こうしたコツコツとした積み重ねなしに「読む力」は身につきません。

　もちろん、深く読む方法だけでなく、基本的な読み方や文章の論理的構成についても詳しく解説しています。

　さらに、私のこれまでの経験をベースにして、単に情報を得る読み方から、先ほどのダルビッシュ有投手の例のように、関連づけ、深く掘り下げて読む方法まで、いくつかの読み方をご紹介しています。

　みなさんの「読む力」が高まり、それを「良質な仕事」にフルに活かせたら、こんなに嬉しいことはありません。

　真の意味で「読める」ようになれば、例えば、新聞の見出し1行からでも、日本経済のこと、世界経済のことが見えてきて、大げさではなく、世界が広がっていくのを実感できます。

　そんな体験を、1人でも多くの人に味わってもらいたいと思っています。さっそく、1章からトライしていきましょう！

「読む力」ドリル　もくじ

はじめに
「読む力」があなたの仕事を劇的に変える！ ……… 3

1

「読む力」とは何か？

文字を追うだけじゃ、インプットできない！

- STEP1　大量に読んでいるのに、「読めて」いない ……… 18
- STEP2　文字を追うだけじゃダメ ……… 20
- STEP3　「読む力」がつくと、どうなるのか？ ……… 22
- STEP4　どこを意識して、読めばいいのか？ ……… 24
- STEP5　事実を客観的につかもう ……… 26
- STEP6　知識をストックしよう ……… 28

もっと「キーワード」！
ビジネスマンならおさえておきたいキーワード ……… 30

- STEP7　関心をもとう ……… 32
- STEP8　「なぜ」「どうして」と探ろう ……… 34

もっと「関連づけ」！
なぜデンマークでは、自転車利用者が多いのか？ ……… 36

STEP9	「仮説」を立てて「検証」しよう	38
STEP10	「論理レベル」を高めよう	40
STEP11	「速読」「通読」「熟読」を使い分ける	42
「読む力」をチェック!		44

2

「速読」ドリル

重要な情報をすばやくつかむ!

STEP1	速読とは何か?	46
STEP2	単に"速く"読むことではない	48
もっと「速読」!	私の「速読」体験談	50
STEP3	まずどこを読んだらいいのか?	52
STEP4	新聞を、速読する!	54
もっと「新聞」!	新聞はここに注目しよう	56
もっと「新聞」!	新聞は1面から読もう	58
STEP5	書籍を、速読する!	60
STEP6	「繰り返し出てくる言葉」をチェック	64

STEP7	「言い換え表現」をチェック	68
STEP8	「主張と根拠」をチェック	70
STEP9	「指示語」をチェック	74
STEP10	「接続詞」をチェック	76

もっと「接続詞」！ 接続詞の種類と役割に注目しよう ... 78

STEP11	「文末表現」をチェック	80
STEP12	「図表」をチェック	82

検定問題① 「速読」 ... 84

「速読力」をチェック! ... 88

3

「通読」ドリル

長文を整理しながら理解する!

STEP1	通読とは何か?	90
STEP2	単にひと通り読むことではない	92
STEP3	文章の構成を理解しよう①	94
STEP4	文章の構成を理解しよう②	96
STEP5	「対立」を読む	98
STEP6	「並立」を読む	100

STEP7	「譲歩」を読む	102
STEP8	予測しながら読もう①	104
STEP9	予測しながら読もう②	106
STEP10	要約しながら読もう	108
STEP11	図表化しながら読もう①	110
STEP12	図表化しながら読もう②	112

検定問題② 「通読」 ……… 114

「通読力」をチェック! ……… 118

4

「熟読」ドリル

情報を掘り下げ、論理的思考力を高める!

STEP1	熟読とは何か?	120
STEP2	単に時間をかける読み方ではない	122
STEP3	What、Why、Howで理解を深めよう	124

もっと「Why」! 仕事でも、常に掘り下げる訓練をしよう ……… 126

STEP4	「関連づけ」する	128
STEP5	「行間」を読む	130
STEP6	「引き出し」を活用する	132

| STEP7 | 「複雑な文章」を読む | 134 |
| STEP8 | 先入観や思い込みに注意する | 136 |

もっと「難解」！ 月例経済報告を読んでみよう ……… 139

| STEP9 | 「自分のものさし」で読む | 144 |

もっと「名著」！ 『論語』をビジネスに活用する ……… 146

| STEP10 | 書かれていることを疑おう | 148 |

検定問題③ 「熟読」① ……… 152

検定問題④ 「熟読」② ……… 154

「熟読力」をチェック！ ……… 156

【付録】
「通読」「熟読」におすすめの10冊 ……… 157

おわりに
これからの時代を勝ち抜くための「読む力」 ……… 158

本文イラスト……本田佳世
本文デザイン……齋藤知恵子

1

「読む力」とは何か?

文字を追うだけじゃ、インプットできない!

「はじめに」でも述べたように、
単に字面を追うだけでは、
本当に読めたということになりません。
「読む」には技術が必要なのです。
そもそも「読む力」とはどういうものなのでしょうか。
本章では、その基本的な考え方を学んでいきましょう。
問題が出てきますが、訓練ですので
面倒くさがらずにやってくださいね。
こつこつと積み重ねていくと、実力がきっと上がりますよ。

大量に読んでいるのに、「読めて」いない

活字を追っているだけで、内容がまったく頭に入っていない。
そんなことにならないように、
まずは大雑把な内容をインプットする練習をしてみましょう。

問題　さっそく、やってみよう！

次の文は、私の仕事について書いたものです。何が書かれているのか、40字程度でまとめてください。

　私は、本業（経営コンサルタント）の他に、ネットや雑誌などの連載原稿を月に10本ほど持っています。本も書いています。それ以外に、月に2回、自社で発行しているメルマガを書いていますが、その分量はおよそ原稿用紙3枚分（1200字）です。「調子が良ければ」という条件はつきますが、「3枚を、15分あれば書き終える」ことを知っているので、5分あれば、およそ1枚は書けると見積もっています。要は、5分で1枚、10分で2枚、15分で3枚は書けるのです。

『「読む」「書く」「考える」は5分でやりなさい！』（大和出版）

解説　大雑把な内容をインプット

　ここでポイントになるのは、私が、メルマガを短時間で書いているという事実です。具体的には、「15分あれば、原稿用紙3枚分の文章（メルマガ）が書ける」ことになります。ここが拾えればＯＫ。ただし、慣れないうちは5分、10分、15分などの細かな数字にとらわれて、何が言いたい

のか分からなくなってしまうことがあります。ですから、まずは「多くの文章を書いており、メルマガを短時間で書いている」という大雑把な内容をつかむことで、文章の全体像を理解しましょう。

> **解答 答え合わせしてみよう！**

> 多くの文章を書いているので、15分あれば、原稿用紙3枚分の文章（メルマガ）が書ける

読んだそばから忘れてしまう

　私たちビジネスマンは、新聞に目を通す、メールやサイトをチェックする、資料やデータを読み込むなど、1日のうち、かなりの時間を「読む」ことに費やしています。その他、仕事に関する専門書、業界紙、契約書、報告書、企画書、マニュアルや規程集、息抜きに読む小説、エッセイ、趣味に関する雑誌や各種サイトを含めれば、日々、膨大な活字を追っているのです。しかし、「はじめに」でも述べた通り、自分で「読んだ」つもりでいても、それが「良質なインプット」となっているとは限りません。

　真に内容を「理解する」ことができなければ、頭には残らず、読んだそばからどんどん忘れてしまうのです。

　今、解いてもらった問題は、短くて平易な文章なので答えられた人も多いと思いますが、これが専門的な話だったり、10ページ分もあったりしたらどうでしょうか。内容を正確に理解し、主旨をつかむだけでも骨が折れるという人は少なくないと思います。

　では、そもそも「理解する」とはどういうことでしょうか。次のステップでご説明しましょう。

STEP 2

文字を追うだけじゃダメ

自分の言葉に置き換えられて、
はじめて「理解した」ことになります。
普段自分はどの段階まで「読めて」いるのかを確認してみましょう。

「読む」には４つの段階がある

ここで、「読む」という行為を４つのプロセスに分けた図をご覧ください。

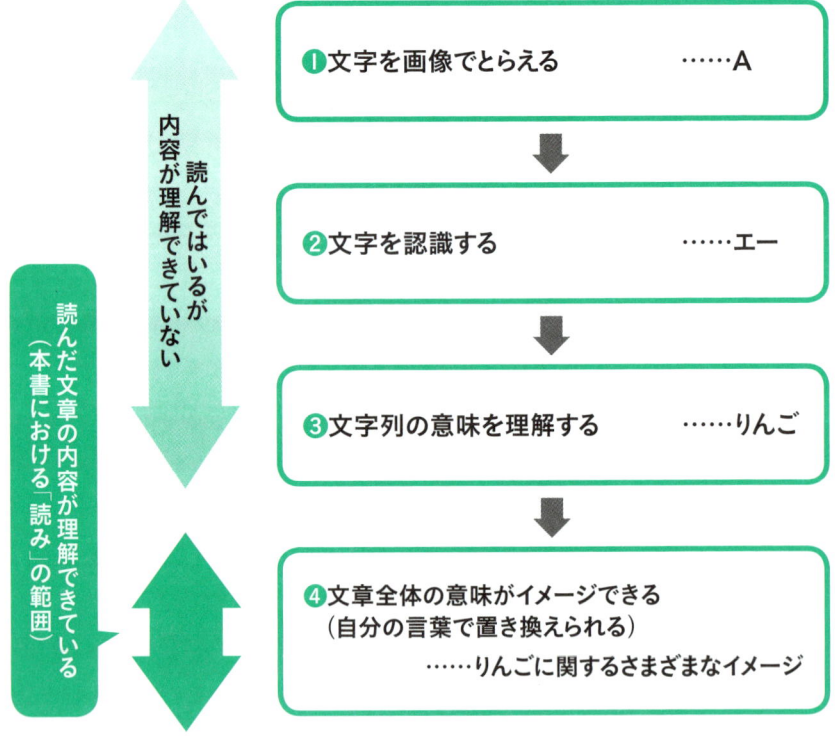

私たちが文章を目にしたとき、**その文字を画像として頭の中に取り込みます。** これが、❶です。

❷の段階では、画像として取り込んだものを**「文字」として認識します**。アルファベットで言えば、Aは「エー」、Bは「ビー」と認識できる状態です。文字をまったく知らない人がAやBを見ると、記号にしか見えないと思いますが、これは❶の状態で止まっていることを意味します。

❸は**「文字列（単語・単文）の意味を理解する」**段階なので、文字列を意味のかたまりに変換します。例えば「apple」はa、p、p、l、eという単なるアルファベットの羅列ではなく「りんご」だと理解できます。

最後の❹では、文字列の意味を理解するだけでなく、**前後の文脈と結びつけたり、頭の中の知識を用いたりして、自分で実感を伴いながら内容をつかみます**。例えば、「収穫したばかりのりんごでアップルパイを作った」という一文なら、「収穫」「りんご」「アップルパイ」「作る」というそれぞれの意味が分かるだけでなく、りんごを作っている農家、収穫されたたくさんのりんご、焼き立てのアップルパイのアツアツの感じや香りなど、文章に書かれていない部分までも、実感を伴ってイメージできます。

文字を追っただけじゃ、「読んだ」ことにはならないのですね。

そうです。

本来、❶～❹までのプロセスを経て初めて「文章を読んだ」と言えるのですが、読むトレーニングが不足している人は、❷や❸の段階で止まっています。「apple」という単語を英語で読める、あるいは、「りんご」と訳せることは分かっていても「りんご」がどんなものかイメージできない段階で止まっているのです。そういう状態が、「何度読んでも内容がなかなか頭に入らない」ということになります。

文章を読むときは、**内容を具体的かつ正確にイメージできる、あるいは、それを自分の言葉で表現できる**❹の段階まで到達することを意識してください。

STEP 3

「読む力」がつくと、どうなるのか？

「いい情報をインプットする」ことで、
仕事におけるアウトプットが変わってくる。
「読む力」の効用はそれだけじゃありません。

3つの力が身についてくる！

「読む力をつけること」の驚くべき効用をご紹介しましょう。

① 情報収集力

　もちろん、要点をつかむことができるようになるため、すばやく、的確な情報を集められるようになります。

② 論理的思考力

　論理的思考力とは筋道を立てて物事を考える力のこと。文章を読むということは、「書いてある内容を整理しながら理解する」ことなので、この論理的思考力が磨かれるのです。

③ 人間力

「読む力」をつけて幅広い読書を行っていると、様々な人の意見を客観視できるため、俯瞰的に物事を見ることができるようになります。これによって、人間を理解する力が育ちます。また、特に、『論語』をはじめ、長く読み継がれている本を何度も繰り返し読むことで、正しい価値観や倫理観が身につきます。

専門分野も、「本を読むだけ」で習得できる!

いかがでしょうか?

「読む力」が身につくと、情報収集力、論理的思考力など、ビジネスシーンで不可欠な能力が身につくのが分かると思います。

また、「読む力」を身につけ、難解な本を読みこなすことができるようになれば、**読書だけで専門的な分野の独学も可能**になります。これも大きなメリットだと思います。

私は、明治大学の会計大学院で会計学を学生に教えた時期がありました。戦略管理会計と経営分析、原価管理、管理会計ケーススタディなどの授業を行っていたのです。

実は私は、これらの科目をほとんど独学で身につけました。

え!独学で?学校に通わずに、ですか?

そうです。

会計学だけではありません。経済学も導入だけは習いましたが、ほぼ独学で習得しました。

「読む力」さえあれば、専門分野の学問であっても、その道の第一人者と言われる著者の書いた良書を読み込んでいくことで、かなりの部分を独学でマスターできるのです。

では次に「読む力」を身につけるために、心がけたい3つのポイントをご説明しましょう。実際のトレーニングまで、もう少しだけつき合ってくださいね。

どこを意識して、読めばいいのか？

本や新聞をやみくもに読んでいっても、
「読む力」はつきません。
ポイントをお話しましょう。

心がけたい3つのポイント

実際に「読む力」をトレーニングするにあたって、次の3つのことを心がけてほしいと思います。これを意識するだけで、あなたの「読む力」は格段に高まります。

① 事実を「客観的に」つかむ

主観を交えず、客観的に読みましょう。
事実を客観的につかむのが、読む力を高める第一歩です。

② 語彙や文法などの「知識」を身につける

語彙や文法など日本語の知識を身につけてください。
読める漢字、知っている言葉や専門用語が少ないほど、理解できる文章の幅は狭まります（ビジネスに関する知識を深めるには、何といっても普段から新聞を読むのがベストでしょう）。

③ 自分のもっている知識と「関連づけ」る

理解力の高い人ほど、漠然とした話や文章でもポイントをさっとつかみ、自分のもっている知識と次々と関連づけていきます。

「読む力」の土台づくりをしよう!

ここまでのポイントは分かりましたか?

文章に書いてある事実をありのままつかみ、知識を用いて正確に理解する。さらに、関連づけをしながら、文章を深く掘り下げていく。

これが、「読む力」のベースになります。それぞれの詳細、この他のポイントについては、次ページから詳しくお伝えしますが、3つのポイントを意識しながら「読む」トレーニングをすれば、文章を正しく理解し、いずれは物事の本質までつかめるようになります。

客観性
思い込みで
読んでいないか?
事実をありのまま
とらえているか?

知識
普段から新聞などを
積極的に読んでいるか?
自分の仕事に
興味をもっているか?

関連づけ
得た情報を他のことと
関連づけられるか?
「なぜ?」「どうして?」と
疑問をもつ習慣はあるか?

STEP 5
事実を客観的につかもう

文章を正確に理解するために、
まずは客観と主観を分けてみましょう。

 さっそく、やってみよう！

次の文章は、客観と主観のどちらに分けられますか。

1　私はまだ30歳だ。
2　昨日、テレビで放送していた韓国ドラマは面白かった。
3　厳しい残暑はまだ続くだろう。
4　アカデミー賞の主演男優賞を受賞した俳優が来日する予定だ。
5　朝起きたら寒かったので、温かいハーブティを淹れた。
6　若いのに、しっかりしていますね。
7　試合開始時刻は19時だ。
8　疲れたから、今日は早めに寝ることにしよう。
9　我が家の愛犬はかわいい。
10　朝顔の蔓を測ったら1メートルだった。

 客観と主観を分けて考える

　客観とは第三者の立場でモノを見ること。ですから、事実のみを表している文章が客観的な文章です。一方、主観とは、自分の意見や感想のことです。書き手の意見や感想が交ざっている個所がないか探してみましょう。「まだ」などの副詞、「面白い」「かわいい」などの形容詞、「〜だろ

う」「〜と思う」などの推測の表現は、書き手の考えや感情が入っていますから主観的な表現になります。

> **解答　答え合わせしてみよう！**

客観：4、7、10　　主観：1、2、3、5、6、8、9

客観的にとらえるトレーニングを！

　読み慣れないうちは、文章に書いてある事実を自分の主観を入れずに客観的にとらえましょう。例えば、次の一文を見てください。

　　駅から目的地まで3キロ離れている。

　もしも、足腰の悪いおばあさんなら「**3キロもある**」ととらえるかもしれませんが、マラソンランナーなら「**3キロしかない**」と思うかもしれませんね。このとき、「3キロもある」と考えるのと、「3キロしかない」と考えるのでは、文章の意味が大きく違ってしまいます。主観を入れず、「**3キロ離れている**」という事実を認識することが大切なのです。
　まずは、書かれているものが客観的に書かれているのか、主観的に書かれているのかを分別することがスタートラインです。前のページで、出題した問題を参考に、客観的な事実と書き手の主観的な意見や感想を区別しながら読むといいでしょう。
　また、自分の書いた文章や意見も、相手に客観的な情報を与えているか、それとも主観的な情報を与えているかを認識するようにしてください。
　主観的な情報は、良い悪いにかかわらずバイアス（偏見）がかかっています。読むトレーニングが不足している人は、主観的に書かれている文章を客観的な事実だと思って読んでしまうかもしれません。

知識をストックしよう

文章の意味を正確に理解するには、
ある程度のベーシックな知識を
もっておくことも必要です。

問題 さっそく、やってみよう!

次の数字は、(1)〜(3)のうちどれでしょう?

4.6%

(1) 家計の貯蓄率 (2) 完全失業率 (3) 10年物国債の利回り

解説 日頃の関心がものを言う

「貯蓄率」「完全失業率」「10年物国債の利回り」は、ニュースなどで頻繁に見かける言葉。ビジネスマンなら知っておきたいですね。それぞれ簡単に説明しますと、❶日本の家計貯蓄率は、2011年の3.2%をのぞき、それ以前の数年は2%台の前半で推移しています。❷完全失業率は、現在は、4.5%をいったりきたり。1990年初頭に2.1%という過去最低水準を記録して以来上がり続け、リーマンショック後の2009年度は5.2%に達しました。❸10年物国債の利回りは、2012年に入り1%以下で動いています。これらの数字は**貯蓄率は2%台、完全失業率は5%以下、10年物国債の利回りは1%程度**などとだいたいをおさえればOK。無理に暗記せずとも、日頃から経済に関心をもち、新聞を読んでいれば自然にインプットされる数字です。

答え合わせしてみよう！

(2)

まずは、自分の仕事に関する知識を得よう

何度か述べてきましたが、文章に書いてある内容を正しく理解できて、初めて「読めた」と言えます。その大前提として必要なのが、「知識」。

 どんな知識を得ればいいのでしょうか？

まずは、**自分の仕事の専門分野に関して、ベースになる知識**を身につけておきましょう。電気技師の人が、電気工学に関する知識を深めれば、仕事の質に直結しますし、仕事に関する文章を読んでもその理解力が違います。得た知識が仕事に活かせたという手応えを感じられれば、より知識を深めたいと思えるため、さらに多くのインプットが可能です。さらには、**業界や自社の売上高など、ある程度の数字**も知っておきましょう。

知識を得ることは、暗記することではない

しかし、知識を得る＝暗記ではありません。

本や新聞などを読むのは、そこに書かれていることを覚えるためではなく、内容を理解するために読みます。それが、ゆくゆくは良質なアウトプットに結びつくのです。理解すれば、自然に頭に入っていきます。「何度読んでも頭に入らない」というときは、本当の意味で理解していないと言えます。きちんと理解するためにも仕事や関心のあることについてのベーシックな知識をコンスタントにインプットしていってください。

もっと「キーワード」!
ビジネスマンならおさえておきたいキーワード

　ここでは、経済の豊かさを表すうえで重要な指標であるGDPと、それに関連しておさえたいキーワードを紹介します。これらの数字は、月曜日の日経新聞の「景気指標」欄に掲載されています。それぞれがどのように関連しているのかを理解したうえで毎週、数字を追えば、単に数字を見るよりはるかにインプット力は高まります。

GDPとそれを支える3つの要素

国内総生産（GDP）

　ある一定地域で、一年間に生み出された付加価値の総額。どんな企業も、何かを仕入れて商品やサービスとして売り、売上げを計上しますが、こうした企業活動の中で仕入れたものの金額と、売り上げた金額との差額が「付加価値」であり、国内のすべての企業や個人が生み出した付加価値を合計した金額がGDPです。GDPを支えている要素は、大きく分けると次の3つがあります。1民需、2企業の投資、3貿易収支です。ご説明しましょう。

2　企業の投資

　財務省が四半期ごとに発行する「法人企業統計」などから設備投資の状況、企業の状況が端的に分かります。日経新聞の景気指標面では、このうち、「設備投資」と「営業利益」が掲載されています。
　「設備投資」とは、企業が機械や工場などの有形固定資産へ投資した金額のこと。「営業利益」は、企業の売上高から、売上原価、販売費、一般管理費などを差し引いた金額です。
　震災以降、設備投資も営業利益も落ち込んでいましたが、2011年10—12月は、震災以降、「設備投資」が初めてプラスに転じるなど、良い傾向も見られます。

1　民需

　民需とは、民間の消費と投資のこと。なかでも重要なのは、「消費支出2人以上世帯」の数字です。総務省が全国の約8000世帯を対象に、毎月のモノやサービスの購入金額の調査し、一世帯あたりの支出金額を計算しています。

3　貿易収支

　財務省が、通関時の価格をベースに算出した輸出入の総額のこと。日経新聞の景気指標の中にある「貿易・通関（輸出・輸入）」部分にあたります。日本の産業は、原材料を輸入して製品を輸出する加工貿易で成り立っていますが、2011年度は4兆4千億円の貿易赤字に陥るなど、異変が起きています。

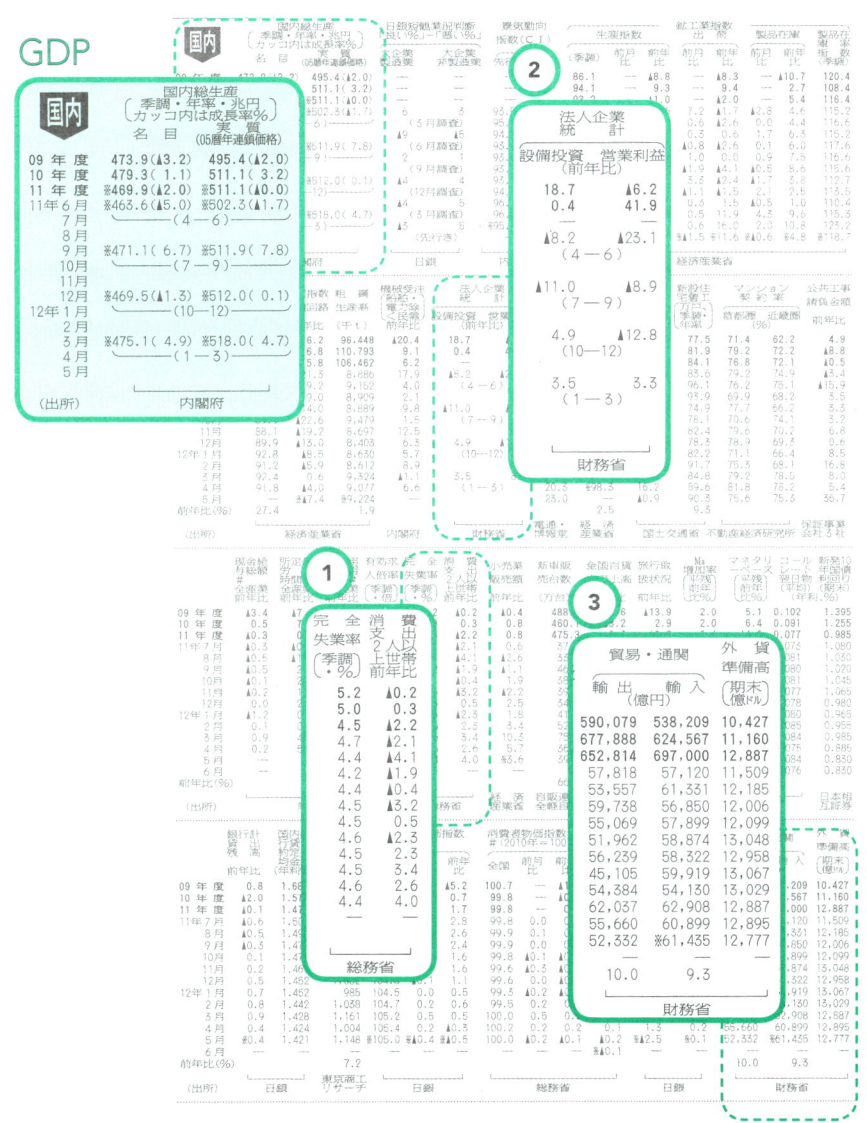

「日本経済新聞」(2012年7月2日)

1 「読む力」とは何か？

STEP 7

関心をもとう

関心をもつことは
正確な情報を得る
大前提です。

問題 さっそく、やってみよう！

フランス、イタリアの国旗になるように、以下を塗りつぶしてください（色ペンがない場合は、赤・青など文字で書き込んでもOK）。

フランスの国旗　　イタリアの国旗

解説 関心がないから、見えてこない

　フランスの国旗が「白、青、赤」、イタリアの国旗が「白、緑、赤」で構成されているのは、ほとんどの人がご存じですよね。でも、その色の順番は……？　となると、曖昧になる人もいるかもしれません。別に、フランスやイタリアの国旗にこだわっているのではなく、他国の国旗でも構いません。あるいは、セブン-イレブンやファミリーマートのロゴでも良いですが、思い出そうとしても、意外に分からないことは多いと思います。

 いつも見ているものなのに、なぜ思い出せないんでしょう。

　それは関心がないからです。物事は関心をもって初めて見えてきます。

| 解答 | 答え合わせしてみよう！ |

```
   フランスの国旗        イタリアの国旗
  ┌──┬──┬──┐      ┌──┬──┬──┐
  │青│白│赤│      │緑│白│赤│
  └──┴──┴──┘      └──┴──┴──┘
```

私が自動ドアのシールをチェックする理由

　人は、関心のある情報は、「覚えよう」という意識がなくても、自然にインプットするものです。その最たる例が、自分の給与の数字。ほとんどの人が、自分の給与がいくらか、明細書を見なくても言えますよね。

　つまり、関心をもつこと。それこそが、知識を得る近道というわけです。

　私は、顧問先さんに自動ドアの設置やメンテナンスを行う会社がある関係で、自動ドアを通るときは必ずチェックする場所があります。それが自動ドアに張ってあるシール。大多数の自動ドアは、閉まっているドアの中央部に、メーカー名の入ったシールが貼ってあるからです。

　自動ドアのシールの色なんて気にしたことがないという人が大半だと思います。でも、私は気にします。顧問先さんの商品だから、当然ですよね。

　「関心をもつ」とは、こういうことです。

　自分の仕事に関することから「関心」をもって物事を見れば、おのずと情報は集まってくるのです。

STEP 8
「なぜ」「どうして」と探ろう

同じ文章であっても、
「関連づけ」ができれば、
文章の「読め方」が違ってきます。

 さっそく、やってみよう！

次の文章は、私の体験談です。これを読んで、あなたはどんなことを「関連づけ」しますか。

家族でファミレスを訪ねたとき、サラダバーのプチトマトにはヘタがついていた。別の日に、出張で地方のホテルに泊まったところ、朝食ブッフェのプチトマトのヘタは取れていた。

 「なるほど」で終わらせない

 要は、「お店によって、プチトマトのヘタがついているときと、取れているときがある」というお話ですよね？

そうですが、ここで終わらせてはいけません。「どうしてお店によって違うのだろう？」と疑問に思ってほしいのです。私はこう考えました。

ひとつひとつのプチトマトのヘタを取るのは、手間がかかること。その手間なことを、わざわざやってくれるホテルは、お客さま志向（お客さまを満足させることを第一にしている）の一流ホテルなのではないだろうか？──だから、こう仮説を立てました。

> **解答** 答え合わせしてみよう！

> 例）プチトマトのヘタが取ってあるホテルは、一流だ（仮説）。

　以後、ホテルに宿泊するたびにプチトマト・チェックをしていますが、やはり、ヘタを取ってあるホテルで、悪いサービスをしているところはほとんど見かけません。私の仮説は正しかったと結論づけています。

　「関連づけ」とは、ある事象について、自分の経験やその他の事柄などを結びつけながら、深く物事を掘り下げていくことです。

　「プチトマトのヘタを取っている」という事象を見たときに、「親切なホテルだな」で終わってしまうのと、「こんなに細やかな配慮ができるホテルなら、その他の場面でも、お客さま志向かもしれない」と「関連づけ」て考えるのでは、物事の見え方の広がりや深みが違ってきます。

いつでも「関連づけ」のチャンス

　「関連づけ」は、「なぜだろう？」「どうしてだろう？」と疑問に思うことがスタート地点。だれだって「なぜ」「どうして」と思ったら、その理由や、背景にあることを知りたいと思いますよね。

　新聞を読んでいるとき、人と話をしているとき、仕事をしている最中などで、少しでも引っかかることがあったら、「関連づけ」のチャンスです。

　「関連づけ」をしていくときは、38ページで述べる「仮説」を立てて「検証」する方法で、物事を掘り下げていきましょう。

もっと「関連づけ」！
なぜデンマークでは、自転車利用者が多いのか？

　ここでは、「関連づけ」がどんなことか、デンマークを例にもう少し考えてみましょう。私は、2010年、お客さまである経営者たちを連れて、デンマークに視察研修旅行に出かけましたが、首都コペンハーゲンの自転車通行量の多さには、驚くべきものがありました。市内のほぼすべての公道に自転車道が整備され、たくさんの自転車が走っていたのです。実に市内の通勤者の30％程度の人が自転車を利用しているそうです。冬には結構寒い国です。ここで、質問です。

> なぜ、自転車を利用する人が多いのでしょうか？

　考えるヒントとしては、デンマークは幸福度や満足度が高く、1人あたりのGDPも世界有数の高さを誇る豊かな国です。だから、自動車ぐらいもっていてもよさそうなものなのに、少ない。なぜでしょうか。

> 車が規制されているから？

　すごく良い視点です。でも、もう一声欲しいところです。

> 車の値段が高いから？

　それです。どれぐらい高いかというと、車の消費税はなんと180％。定価が200万で売られている車を560万円も出さなければ買えません。
　なぜ、車の消費税が180％もするのでしょうか。

> 買わせないようにしている？

そうですね。高くするということは、買われたくない理由があるはずです。では、買われたくない理由とは？

> 環境対策のため？

確かに、それは理由の1つだと思います。けれど、もっと直接的な理由があると私は思います。何だと思いますか？

> 自分の国に自動車産業がないため？

だいたい合っていますが、あと一歩。自国に自動車産業がないと、何をしなければいけませんか？

> 輸入しないといけませんね？

その通りです。デンマークは、自動車生産国ではありません。自動車を手に入れるには、海外から輸入するしかありません。輸入が増えると貿易収支が悪化します。また、自動車が増えれば、原油の輸入も増えます。貿易収支の悪化は、GDPを下げることになるのです。

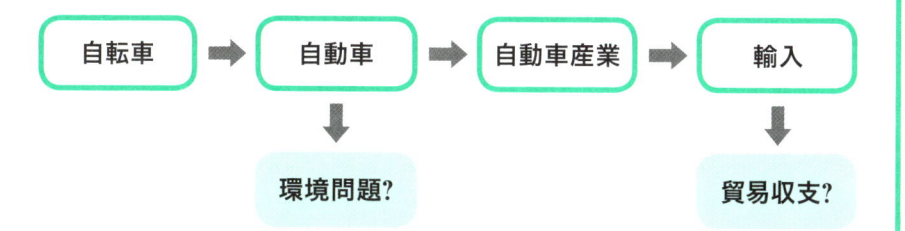

自転車 → 自動車 → 自動車産業 → 輸入
　　　　　↓　　　　　　　　　　　　↓
　　　　環境問題?　　　　　　　　貿易収支?

STEP 9
「仮説」を立てて「検証」しよう

仮説を立てて、それを検証すること。
こうすることで、モノの見え方が変わり、
文章の理解力が高まります。

問題　さっそく、やってみよう！

> 私は仕事柄、ときどき工場の見学をさせてもらう機会があります。でも、製造が専門ではないので、機械や設備に詳しいわけではありません。しかも、見学時間を十分に取れないことも多いです。それでも、短時間でその工場の良し悪しが判断できます。
> さて、私は、どんな方法で、判断していると思いますか？

解説　疑問をもち、「仮説」を立てる

分かりましたか？　まずは結論から先に言います。

解答　答え合わせしてみよう！

> 私は必ず「床のきれいさ」をチェックしています。

　工場の床は、ちょっとぐらい汚れていても業務に支障はありません。
「だからこそ、床掃除は後回しにされやすいのではないか？」
　ある日、そう疑問に思ったのです。そして、その疑問を検証するため、こんなふうに仮説を立てました。

> （仮説）床のきれいな工場は、良いオペレーションをしており、お客さま志向の会社だ——。

　以後、いくつもの工場に出向いて検証し、私が立てた仮説は正しかったと考えています。工場の床に限らず、社内もそうですね。清掃が行き届き、植物の手入れもきちんとしているところは、仕事のプロセスもきちんとしていて、お客さまに対して細やかな気配りができるのではないか？という仮説が立てられます。

「基準」があるから、見えてくる

　「仮説」とは、"基準"のことです。仮説をもてば、それが基準になってものごとが見えやすくなります。

　私は、経営コンサルタントですが、良い会社は、例外なく「お客さま志向」を貫いていると断言できます。これまで、数多くの会社を訪れていますが、必ず、「お客さま志向になっているか」をチェックしてきました。

　その"基準"になるのが、例えば次のようなことです。

❶ 挨拶できるか
❷ 電話を3コール以内に取るか
❸ お客さまを玄関先までお見送りしているか
❹ 社員の表情が明るいか
❺ 掃除が行き届いているか

　もし、これらの基準がないままどこかの会社に行っても、その会社がお客さま志向かどうかを見抜けませんよね。「仮説を立てて検証する」ことで、何を見ればいいのか、そのポイントが明確になるため、つまり基準をもてるため、判断しやすくなるのです。

STEP 10

「論理レベル」を高めよう

文章を正確に読むためには、
論理的思考力が何よりも重要です。
論理レベルが上がっていくと、難しいことがどんどん理解できるようになります。

論理的思考力にはレベルがある

　論理的思考力とは、文章全体の構成を頭の中で組み立て、筋道を立てて理解することです。論理的思考力には、次のようなレベルがあると私は思っています。

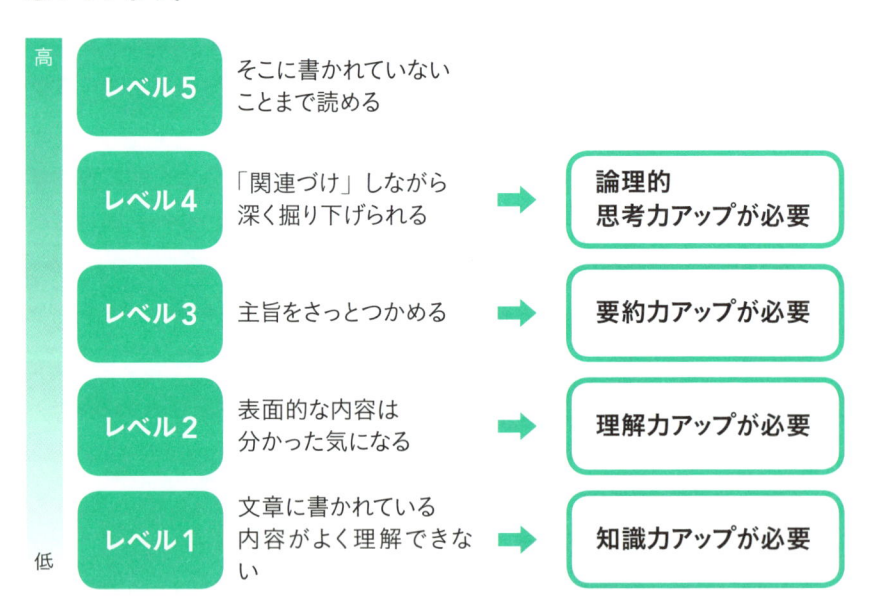

高/低	レベル	内容	必要なこと
高	レベル5	そこに書かれていないことまで読める	
	レベル4	「関連づけ」しながら深く掘り下げられる	→ 論理的思考力アップが必要
	レベル3	主旨をさっとつかめる	→ 要約力アップが必要
	レベル2	表面的な内容は分かった気になる	→ 理解力アップが必要
低	レベル1	文章に書かれている内容がよく理解できない	→ 知識力アップが必要

「何が書かれているか」を意識する

> 文章を読んでも、すぐにつかえたり、止まったりして、最後まで読めません……。

　こういう人は、残念ながらまだ論理レベルは低いので、まずは、語彙や文法など日本語の一般的な知識を習得することです。

　読める漢字、知っている言葉や専門用語が少なければ、その分、理解できる文章の幅も狭まってしまいます。分からない言葉が出てきたら、その都度、辞書や専門書などで意味を確認する習慣をつけましょう。

　こうして知識のストックを増やすと同時に、「何を一番言いたいのか」を意識して文章を読む練習を繰り返すと、情報が整理され、重要なポイントが何かが分かってくるので、着実に論理レベルは上がります。

　また、35ページで述べたように、「なぜ」「どうして」と疑問に思ったことに仮説を立てて検証するクセがつくと、情報をより整理しやすくなるので、さらに論理レベルは高まるでしょう。

> 論理レベルが上がると、どうなるんですか？

　次第に、難しいことでもすばやく理解できるようになりますから、それに関するキーワードやニュースや本などにも気づきやすくなります。つまり、自分にとって必要な情報をこれまで以上に早く取り込むことができるようになるので、一層、知識が増えていくのです。

STEP 11
「速読」「通読」「熟読」を使い分ける

次の章からいよいよ、実際に読みながら、トレーニングしていきます。その前に、読書法についてご説明しましょう。
読書法は1つではありません。「速読」「通読」「熟読」の3つがあります。

問題　さっそく、やってみよう！

次の（1）～（3）は、速読、通読、熟読のどれで読むのが最適ですか？
（1）　資格取得のために読むテキスト
（2）　忙しいときに部下から提出された報告書
（3）　仕事に関連する専門性の高い本

解説　目的によって読み方を変える

　要点を的確かつなるべく短時間でつかみたいとき、本などの全体の内容を理解したいとき、専門的な分野について深く理解したいときに分けて、それぞれに適した読み方を考えてみましょう。

> 速読、通読、熟読、どう違うのですか？

　速読とは、求める情報を短時間で探すために、要点をすばやく、的確に把握するための読み方です。「できる限り速く文字を追うこと」＝速読ではありません。文字を追うことだけに主眼を置くと、内容が頭に入っていなくても、読んだ気になってしまいます。目的はあくまでも、素早く必要な情報を得ることです。

　通読は、一定の知識を得たり、楽しむために行います。ビジネスの入門

書や小説など比較的平易な本を **始めから終わりまでひと通り読み全体像を理解すること**。専門的な本を通読するときもありますが、そのときには書いてあることを理解するためにメモをしたり、本に線を引いたりしながら読みます。

　熟読は、自分の専門分野や興味のある分野の本を、多くのことと関連づけながら深く掘り下げる読み方です。1冊の本を「ひと通り読む」というより、**ある個所だけを、他の専門書や資料なども参照しながら理解できるまで時間をかけて、完全に読み込みます**。論理レベルが最も上がる読み方です。

速読
自分にとって
必要な部分だけ読む

自分に関係がない
情報は捨てる

通読
ひと通り読んで、
全体像をつかむ

熟読
関心が高い部分を、
本質が分かるまで読み込む

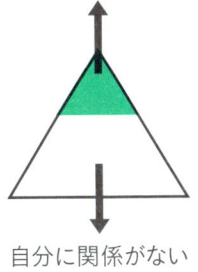

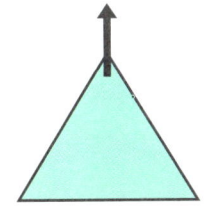

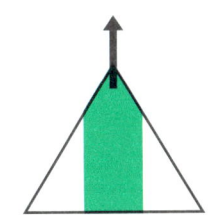

解答　答え合わせしてみよう!

（1）通読　（2）速読　（3）熟読

「読む力」をチェック！

いかがでしたか？「読む力」とは何か、
つかめてきたのではないでしょうか。
自分にはどのくらい「読む力」があるのか、
ここでチェックしてみましょう。

- ☐ 文章の全体像をざっくりつかめる
- ☐ 読んだ内容を自分の言葉で置き換えられる
- ☐ 普段から新聞など積極的に読んでいる
- ☐ 自分の仕事と関連のある書籍を読んでいる
- ☐ 客観的な文章と主観的な文章の違いが分かる
- ☐ 「関連づけ」とは何か、説明できる
- ☐ 著者は「何を一番言いたいのか」意識しながら読める
- ☐ 「速読」「通読」「熟読」の違いが分かる

2

「速読」ドリル

重要な情報を、すばやくつかむ！

速読は、限られた時間の中で
情報収集するための読み方です。
しかし、どんなに速く読めても、
要点を的確に把握できなければ
何の意味もありません。
本章では、問題を解きながら
「速読による要点のつかみ方」をマスターしていきましょう。

STEP 1

速読とは何か？

ただ速く読むのが速読ではありません。
速読とは「重要なポイントをすばやく把握する」
ことなのです。

問題　さっそく、やってみよう！

次の文章で、最も重要だと思うところに線を引いてください。

> 「日本人は貯蓄好き」というイメージをお持ちの方も多いと思います。確かに、私が就職した頃は、誰もが当たり前のように毎月の給与やボーナスの一部を定期貯金などに積み立てていました。
>
> 　でも、いまはどうでしょうか？　長引く不況、賃金の減少、低金利、高齢化などにより、貯蓄に回せるお金が少なくなり、日本人の貯蓄率は低下の一途をたどっています。それなのに、いまだに昔のイメージに引きずられて「日本は貯蓄率が高い」と思い込んでいる人が案外多いのですが、現実は相当変わってきているのです。
>
> 　　　　　『日本経済が手にとるようにわかる本』（日経BP社）

解説　速読はキーワードを探すのがコツ

　日本の貯蓄率は高いイメージがあるが、実は減っている。これが、文章全体の主旨。それを端的に表すのはどの部分でしょうか？

| 解答 | **答え合わせしてみよう!**

> 5行目に出てくる「日本人の貯蓄率は低下の一途をたどっています」という個所です。

> 速読する際のコツって、あるのですか？

速読するときは、要点を的確につかまないといけません。そのために大切なのは、キーワードを探すこと。

この場合、頻繁に出てくる「貯蓄」という言葉が、キーワード。日本の貯蓄率が高いか、低いかをつかめれば、ほぼ主旨がつかめたも同然です。

どんなときに、速読する？

経営コンサルタントの私には、「顧問先さんの会社の役員会などに定期的に出席する」という重要な仕事があります。定款の変更、株主に提示する決算短信、M＆Aを含めた投資の関連資料など、その時々で議題は異なりますが、たいていの場合、数十ページから多いときには100ページ以上にわたる資料が配られ、それを見て意思決定や問題点の指摘などをします。

なかには事前に資料が配られないこともあり、その場で必要部分の内容を把握しなくてはなりません。だからといって、適当に見るわけにもいきません。もし、間違った判断をすれば、役員や顧問としての責任も果たせませんし、顧問先さんの会社にとって命取りになることもあるからです。

このように、**限られた時間の中で要点的確に把握しなければならない――そんなときに威力を発揮する読み方が、速読**なのです。

STEP 2
単に"速く読む"ことではない

重要なポイントをどうすればすばやく把握できるのでしょうか。
速読のコツを改めて確認しておきましょう。

必要個所以外、捨ててしまう読み方

　これまで何度か述べてきた通り、速読は、「情報を短時間ですばやく得るための読み方」です。短時間で必要な情報を得なければなりませんから、文章のすべてに目を通すのではなく、自分にとって必要な個所だけを正確に読まなければなりません。図のように、情報にピラミッドがあるとすれば、その先端部分だけを正確に手に入れ、それ以外は思い切って捨てる読み方をしていきます。

自分にとって
必要な部分だけ読む

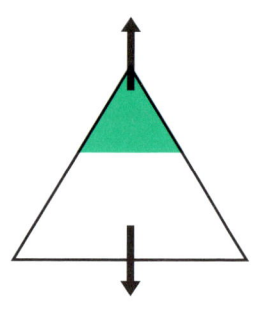

自分に関係がない
情報は捨てる

> どうやって捨てればいいんですか？

　そこが肝心です。文章のどこを捨てるのか見極める目をもつことがポイント。捨てる個所を間違えてしまえば、読んだことになりません。そこで日頃から心がけたいことが2つあります。

1 知識を蓄える

「速読したいこと」に関して、ある程度の知識をあらかじめ蓄えましょう。知識を蓄えれば、その分野の文章を読んだときの理解力が格段にアップします。逆に言えば、ベースの知識がないと満足できる速読はできません。さらにはある程度の論理的思考力も必要です。

> 知識を蓄えるとは、語彙を増やせばいいんですよね？

それも大切ですが、速読したいと思う分野の専門書を「通読」、もしくは「熟読」するのをおすすめします。不要な個所を切り捨てて読む「速読」は、実はレベルが高い読み方です。何がキーワードか、何が重要なことかを見極めるためにも、次章以降で述べる「通読」や「熟読」で頭を良くするベースを作ることが必要です。

2 経験を活用する

もう1つは、これまで仕事を通して培った経験をフルに活用すること。速読したい文章は仕事に関するものが多いため、経験を積み上げた人ほど、その分野について具体的な内容がイメージできるので、文章の重要な個所に気づきやすくなるのです。

たとえば、私の場合なら、決算短信や有価証券報告書の構成をあらかじめ理解していますから、必要個所がすぐに読めるといった具合です。

そのためには日々の仕事に真剣に取り組むことが重要です。「そんなことか」と思われるかもしれませんが、これが経験を積むことになり、ひいては速読にも役立ちます。

もっと「速読」！
私の「速読」体験談

　役員会議に出席したときに、よく出てくる議案の1つに「定款の変更」があります。定款とは会社の法律のようなもの。会議によっては、数十ページにわたる資料が用意されています。
　私はそれを数分間で読み、賛成か反対か決めることがありますが、それはなぜだと思いますか？

「知識」と「経験」があればアタリがつけられる

　数十ページの資料を数分で読む。それができるのは、定款についての詳しい知識があり、顧問先企業さんの状況を知っているからです。また、これまで会社の定款の変更議案に多く出くわした経験があるので、絶対に読むべき個所の"アタリ"をつけることができます。そのため、不要な個所を省いて読んでも的確な情報を入手できるのです。

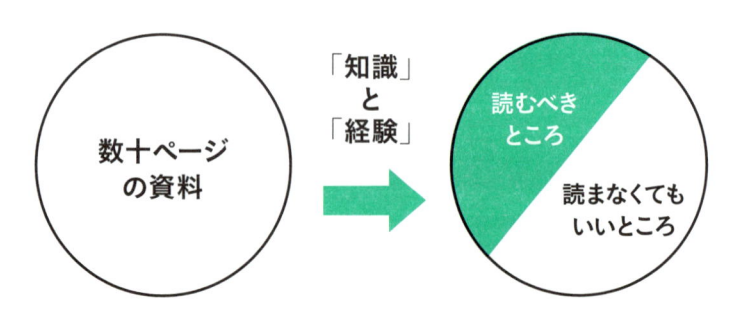

数十ページの資料 →「知識」と「経験」→ 読むべきところ／読まなくてもいいところ

先ほど教えてくれた「知識」と「経験」がモノを言うということですね？

そうです。「知識」と「経験」は自転車で例えると前後の車輪。どちらも不可欠です。

最初は専門書を熟読することから

ただし、どちらも、一朝一夕でできることではありません。

私は、定款や事業に関係する法令に初めて出くわしたときは、時間がかかっても専門書を熟読し、どのように対応するかじっくりと考えるようにしていました。

定款に限らず、どんな仕事もそうです。東京銀行（現・三菱東京ＵＦＪ銀行）で働いているときは、入行２年目に輸出手形保険の担当になりましたが、当時の私にはその分野の知識がまったくなかったため、分厚い法令集を独身寮の自室でコツコツと読んで勉強を続けました。輸出手形保険に関する法律の条文、施行細則をすべて読みました。

> 自分だったら、法令集を自らすすんで読もうとは思いません……。

実際、法令集など読まなくても、日々の業務には困らないんです。でも、それじゃプロじゃないと思ったんですね。自分が関わっている仕事だから、その分野に関しては基礎から徹底して学んでおきたかったのです。おかげで、最終的には通産省（現・経済産業省）の輸出手形保険担当の方と対等に話せるまでになりましたよ。また、ここで得た知識や勉強の仕方は、何かしらの形でその後の仕事にも役立っています。

みなさんも、急がば回れの精神で、知識を蓄え、経験をコツコツと積んでください。速読にすごく役立ちますし、それが頭を良くし、仕事にフルに活かせるようになりますから。

STEP 3
まずどこを読んだらいいのか?

その情報が自分にとって必要か不要か見極めることが、
速読の基本です。

ポイントは「見出し」「目次」

速読するときは、主に次のような部分に着目して読みます。

新聞の場合

1. 見出し
2. 各記事の冒頭（リード文があればその数行）
3. 各記事の最後
4. 図表・用語説明など

書籍の場合

1. 目次
2. 章・節タイトル（見出し）
3. 各章、各項の冒頭
4. はじめに／あとがき
5. 数字、図表、固有名詞

究極の要約は書名や見出しにある

皆さんは、例えば経営に関する本を探すために書店に出かけたとき、どのように目的の本を探しますか？

> まず、ビジネス関連の書籍が並ぶコーナーに行きますね。その中で、経営に関するタイトルの書籍をいくつか手にとって、中身をパラパラとめくって目的のものを探していくと思います。

まさに今述べたことに近いことをする読み方が速読です。

つまり、タイトルや、見出し、文章中に出てくるキーワードなどを拾いながら、どんな内容が書かれているのか要点をつかむ。それが速読です。

要点が究極的に要約されている個所は、書籍なら書名、新聞の記事なら見出しでしょう。

たった数文字〜十数文字の書名や見出しには、文章の内容が凝縮して表現されており、何が書かれているのか読み手にひと言で知らせる役割を担っています。本についている帯も同じです。

このことを意識しながら速読すると、キーワードも拾いやすくなり、要点を整理しながらすばやく読み進めることができるようになると思います。

その他にも、新聞、書籍ごとに速読するときのポイントはあります。次ページから確認していきましょう。

STEP 4
新聞を、速読する！

忙しいビジネスマンは、新聞をはじめからはじめまでじっくり読む時間がありません。効率よく新聞から情報を受け取るコツをご紹介しましょう。

問題　さっそく、やってみよう！

56ページの新聞記事を速読する際、あなたはどこを「読み」ますか？着目すべき部分を答えてください。

解説　見出し、リード文から要点を探る

新聞を速読する際は、いくつかポイントがあります。

① まずは、見出しを拾い読みする

「働き手　50年後に半減」「経済の活力低下」などの**大見出し**や**中見出し**、あるいは、「生産性伸び必要」「出生率再び低下」「高齢者が4割に」などの文中の**小見出し**などをチェックします。もし、時間がなくて一般的な情報を知るだけでいいなら、これらのキーワードを確認できれば十分です。

② 次にリード文を読む

リード文は、記事を要約している個所。本文に何が書かれているのか見当がつきます。この記事では冒頭の14行分がリード文の役割を担っています。14行といっても、全部でわずか150文字程度。Twitterのつぶやき

は上限140字ですから、たいした文字量ではありません。リード文をさらに要約すると、3行目の「少子高齢化と人口減が加速する」。ここが主旨になります。

　ちなみに私は通常、リード文はきちんと読みます。リード文を読めば、**記事の概要は把握できる**ことが多いからです。

③ 最後の数行も読んでみる

　新聞は最後の数行、あるいは、最後の段落で書き手の意見や疑問点、今後の展望などが述べられていることが多いのでチェックします。この記事では、最後の段落で、65歳以上の高齢者が増えるのは明白なのに、それに見合う改革や社会システムの整備が進んでいないことに触れ、「人生90年時代を見据えて社会をつくり直すべき」という識者の指摘で締めています。**記事の総括的なしめくくり**と言えます。

④ 図表やグラフがあれば、それもチェック

　図表やグラフは、文章に書かれた内容をデータなどで補完するためにあります。視覚的にも分かりやすいので、**図表を見れば内容がすばやく理解できる**こともあります。この記事では、現在と将来の総人口や出生率の数字を示した図と、人口ピラミッドの変化を示した図が載っています。今後、人口が減ること、高齢者が増えることなどがひと目で分かるため、「働き手　50年後に半減」「経済の活力低下」などの見出しがより実感できます（いずれにしても日本のこの先の高齢化率はすごいですね）。

解答　答え合わせしてみよう！

> 見出し、リード文、最後の数行、図表やグラフ

もっと「新聞」！
新聞はここに注目しよう

出生率が14年から再び下がると分析した。晩婚や晩産の傾向が定着してきた上、結婚しない人の割合が1995年生まれの世代では20%まで上がると試算。こうした非婚化の流れも加わり、20年代以降の出生率は1・33～1・35と見込んでいる。

人口を維持するためには出生率2・08が必要とされる。ただ戦後ほぼ一貫して出生率は下がり続け、89年には丙午（ひのえうま）の異常値と言われた66年の1・58を下回り「1・57ショック」と言われた。その後も低下に歯止めがかからない。05年に1・26まで低下した出生率がここ数年上回するとの試算もあったていたのは、晩産化が進んだ「団塊ジュニア」（71～74年生まれ）が40歳前後にさしかかり出産を急いだことによる一時的な現象だ。80年代に2700万人だった年少人口（0～14歳）は今1600万人。19年には1500万人、46年には1千万人を割り込む。

子どもを産みたい人が全員産むようになると、出生率は1・7程度まで回復するとの試算もある。ただ「少子高齢化の傾向は変わらない」（学習院大学の鈴木亘教授）との見方が根強い。

高齢者が4割に

55年当時、日本は現役世代（15～64歳）11・5

人口ピラミッドの変化

2010年
男 女

2030年

2060年

（グラフ）
（最後の数行）

何が書いてあるか、
予測しながら
読んでみよう

人で高齢者1人を支えていたが10年には2・8人まで減っている。10年の状況を「胴上げ型」から「騎馬戦型」になったのが今の状況。保障と税の一体改革案をまとめた社会保障・与党がまとめた社会保障と税の一体改革案には、給付カットには踏み込んでいない。住宅、交通など社会システムを高齢者仕様に見直す必要も生じる。「人生90年時代を見据えて社会をつくり直すべき」とニッセイ基礎研究所の前田展弘主任研究員は指摘する。

65歳以上の割合は24年に30％を超え、60年に4割になる。現役世代の負担はさらに厳しく、60年には1・3人で支える時代に。「肩車型」の社会がやってくる。

【大見出し】働き手50年後に半減

【中見出し】社会保障「肩車型」に

【リード】国立社会保障・人口問題研究所が30日まとめた将来推計人口は、少子高齢化と人口減が加速する未来図を浮き彫りにした。15〜64歳の人口は2030年には今より1400万人も減り、労働力の減少が経済に大きな打撃となる。政府は少子化対策や社会保障制度の再構築と同時に、働き手の確保や生産性向上を急ぐ必要がありそうだ。

【小見出し】生産性伸び必要

日本の総人口は1億2806万人。減少ペースが加速して28年からは毎年100万人規模で減り続け、60年には3割減する難題が労働力の減少口は、30年に17％減っていない。政府は10年にまとめた新成長戦略で、20年度までの労働生産性の伸び率を名目3％以上に高めるには「2％が必要」としている。日本総合研究所の湯元健治理事は「企業参入を促す規制改革で医療や介護、教育などを新産業として育て、従来産業から人材を移すべきだ」と話す。

働き手が減れば国の活力は落ちる。消費の力も落ち込み経済は停滞する。厚生労働省は保育や介護サービスの普及、65歳までの雇用確保などで女性や高齢者らの働く比率を高めれば、働き手の減少幅を半減できると見込む。それでも高齢者に長時間労働は難しく、日本全体の総労働時間が減ることは避けられない。

【図表】経済の活力低下

総人口と世代バランス

	2010年	2030年	2060年
総人口	1億2806万人	1億1662万人	8674万人
年少人口 0〜14歳	1684万人 (13.1%)	1204万人 (10.3%)	791万人 (9.1%)
生産年齢人口 15〜64歳	8173万人 (63.8%)	6773万人 (58.1%)	4418万人 (50.9%)
老年人口 65歳以上	2948万人 (23%)	3685万人 (31.6%)	3464万人 (39.9%)
出生率	1.39	1.34	1.35

新推計人口

6773万人に。50年の60年には4418万人と半減する。

【小見出し】出生率再び低下

推計は10年に1.39まで上昇していた合計特殊

「日本経済新聞」2012年1月31日

もっと「新聞」！
新聞は1面から読もう

　速読の訓練に最も適した教材は新聞です。世の中の動向を広くつかむには一般紙を、経済の動向をつかむには経済紙を、自分の業界のことについては業界紙を読むことをおすすめします。

新聞で世の中の流れをキャッチする

　ところで、みなさんは、新聞はどこから読んでいますか？

> スポーツ欄とテレビ欄を見てから、社会面をチェックします。

> そういう人は多いかもしれませんが、新聞は、1面から順番にすべてのページを読む。それを習慣づけてください。

　なぜかと言えば、新聞は、新聞社が読者に知ってほしい順番で記事を掲載しているからです。つまり、**社会の関心事に、自分の関心事を合わせるためにも**、1面から読むべきです。**社会の関心事と自分の関心事が一致した人が世の中の流れをつかめる**人なのです。
　また、興味のある、なしに関わらず1面から読むことで、今まで興味のなかった事柄にも触れることができますから、関心の幅が広がり、情報の引き出しも増えていきます。少なくとも1面トップ記事の見出しとリード文だけは必ず読んでくださいね。

> 新聞を全ページ読むのは、骨が折れますね……。

　慣れてくれば、読めますよ。
　私は、電車の車内（約25分）の間に、日経新聞の1面から最後まですべて目を通しています。見出しはすべて読み内容もおおよそつかんでいますが、

記事の細かいところまではフォローできないことも結構あります。事務所に出勤後や、休憩時などに、必要な記事については通読で記事をじっくり読んだり、切り抜いてファイルにしたり、データを自分で調べ直して熟読するなどしています。

> 新聞は、同じ1面でも、記事によって大きさが違いますよね。

> それは、鋭いところに着目していると思いますよ。

記事の大きさが違うというのは、どの記事を新聞社が重視しているのか、どの記事が世間的に注目されているかが視覚的にすぐに分かるということです。こうしたことを意識しながら、時間がないときは、大きな記事だけしっかり読み、小さな記事は見出しだけを拾い読みするなど、自分なりの読み方ができるようになると良いでしょう。

> 新聞が、速読に向いていると思うのはなぜですか？

> 新聞は、読みやすく工夫されているからです。

大見出し、中見出し、小見出しなどのほか、長い記事の場合にはリード文もあり、要点をつかむ訓練にもってこいの教材です。慣れないうちは見出しだけでも全ページを読むのは骨が折れますが、次第に短時間で、かつ、的確に内容を理解できるようになります。

5 書籍を、速読する！

書籍を速読する際に大活躍するのが目次。
ここを読むだけで、
読むべき場所、読まなくてもいい場所が見えてきます。

> **問題** さっそく、やってみよう！

次の書籍の目次を速読し、どのようなことが書いてあるかつかんでください。

まえがき	3

**第1章
ぶれないための正しい考え方**　19

正しい生き方、正しい考え方	20
正しい考え方があれば	
強く生きていける	21
何が正しいのか見極める目を持つ	23
欲についての正しい考え方を知る	25
お金ではなく、仕事を追い求める	28
金儲けしたい人は儲からない	30
成果主義の弊害	33
世の道理から外れて起きた	
世界同時不況	36
間違いを指摘してくれた上司	39
そんなに金儲けしたいの？	41
論語と算盤は一致すべし	43
人として立派な人が大金持ちになる	45
良樹細根、大樹深根	48
立派な木になるために	50
なれる最高の高さを目指そう	52
正しい考え方を学ぶ大切さを知ろう	54
一生かけて真理を探究する	59
今の日本にはないビジョンや理念	61
巧言令色鮮なし仁	65

**第2章
信念のある人になるために**　69

正しい考え方は、信念へと高まる	70
信念のある人は、行動に移す	71
正しいと思ったことはやり続ける	74
正しい考え方を伝える努力をする	77
信念のある人は	
信念のない人に嫌われる	79
こだわる必要のないことにはこだわらない	80
部下に厳しいことを言えますか？	82
勇気と信念	85
天命を生きた西郷隆盛	88
信念を持たなければ	
成し遂げられないことがある	90

大欲は無欲に似たり	94
天地自然の理とは	95
われ日に三たび我が身を省みる	97
ウォーレン・バフェットの生き方	101
民のために尽くした上杉鷹山	104
人のためになるか、ならないか	106
青年宰相の覚悟	109
信じた道は覚悟を持って突き進もう	111
指揮官先頭	113

第3章
会社として、社員としての正しい考え方　117

会社にとって、社員にとっての正しい考え方	118
原点に立ち返れば見えてくる	120
「松下」の名前を外しても守るべきもの	122
変えるべきもの、変えぬべきもの	124
政治も何を変えるべきか、変えぬべきか	128
正しい考え方を伝える姿勢を持つ	131
人を育てる	135
働きがいを持つと、仕事が楽しい！	137
単に誉めることの大切さ	140
子どものことも、たくさん誉めよう	142
意味と意識の違い	144
意識の共有を心がけよう	146
高い意識が継続を生む	149
「紙一重の努力」を積み重ねよう	151
和気あいあいの会社はやる気を阻む	153
切磋琢磨しあって、選ばれる会社になろう	155
正しい考え方はクレーム対応に現れる	157
最後の一台までやり続ける姿勢	160
パナソニックと対照的なパロマの対応	164
「お客さまのため」を手段にするな	164
経済は人を幸せにするための道具	166

第4章
正しく生きるために　171

目の前のことに全力を尽くす	172
基本をおろそかにしない	174
技（スキル）は必要条件。正しい考え方が十分条件	176
師を見つける	178
正しい会社に勤める	181
目的と目標の違い	184
「目的」は終わりのないもの	185
目標は月単位で区切って設定	188
コツコツは成功の必要条件	191
衣食足りて礼節を知る	193
チャンスに備え、準備しよう	195
素直の三ステップ	198
行動に移し、それを続ける	200
志があれば、気持ちがついてくる	202
燕雀いずくんぞ鴻鵠の志を知らんや	204
死ぬことを恐れるより、死の準備のないことを恐れよう	206
死んだら、何を遺せるか	208
あとがき	211

『ぶれない人』（幻冬舎）

> 解説

まずは章タイトルをチェック

① 章タイトルを確認

　章タイトルを見れば、『ぶれない人』という本に何が書かれているのか、おおよその見当をつけることができます。この時点で、『ぶれない人』には、正しい考え方や生き方について書かれていることがおぼろげに見えてくるのではないでしょうか。

　　第1章　「ぶれないための正しい考え方」
　　第2章　「信念のある人になるために」
　　第3章　「会社として、社員としての正しい考え方」
　　第4章　「正しく生きるために」

② 各章の見出しをざっと読む

　次いで、各章の見出しをざっと読めば、より一層、本に書かれている中身が見えてきます。

> 解答

答え合わせしてみよう！

第1章　「ぶれないための正しい考え方」

「正しい考え方があれば強く生きていける」「正しい考え方を学ぶ大切さを知ろう」などから、第1章は正しい考え方をするための基本的な心構えを述べていることが分かります。

第2章　「信念のある人になるために」

「正しい考え方は、信念へと高まる」「信念をもたなければ成し遂げられないことがある」などから、信念をもつためには何が必要か述べていることが分かります。また、見出しの中に西郷隆盛、ウォーレン・バフェット、上杉鷹山などの名前が出てくることから、彼らが「信念をもっている人」の代表格として紹介されているのではないか？　ということも容易に推測できます。

第3章　「会社として、社員としての正しい考え方」

「和気あいあいの会社はやる気を阻む」「切磋琢磨しあって、選ばれる会社になろう」などから、会社として、社員としてどうあるべきか、その心構えが書かれていると推測できます。

第4章　「正しく生きるために」

「衣食足りて礼節を知る」「素直の三ステップ」などから、人生を正しく生きていくためのヒントが書かれていることが分かります。

ビジネス関連本は速読の勉強に

　特にビジネス書では、目次を見ただけでどのようなことが書いてあるか見当がつくことが少なくありません。

　ですから、あらかじめ目次を見て、「捨てる個所」（＝読まない個所）を決めていけます。場合によっては自分にとって不要な部分は章ごと捨てて、必要な章、あるいは、気になる見出しの部分だけを速読すれば、欲しい情報をすばやく入手できます。

STEP 6
「繰り返し出てくる言葉」をチェック

速読にはキーワードをつかむことが大切だとお話ししましたが、ここではキーワードをつかむトレーニングをしてみましょう。

問題 さっそく、やってみよう！

繰り返し出てくるキーワードに注意しながら以下の文章を読んで、書き手の言いたいことをつかんでください

①景気、経済を分析していくうえでの概念として、GDP（国内総生産）という考え方があります。

②GDPとは、Gross Domestic Product（グロス・ドメスティック・プロダクト）の略で、「国内総生産」と訳されていますが、平たく言えば、日本国内で一年間につくり出された付加価値の合計です。

③もっと簡単に言いますと、企業の売上げからそのために仕入れた商品や原材料の値段をマイナスした部分が付加価値（売上げ－仕入＝付加価値）で、付加価値の国内での合計がGDPです。

④ＧＤＰを見れば、国内全体でどの程度、生産活動が行われたかを知ることができます。この付加価値は公的なセクター、民間セクター両方が含まれますが、その全部を合算したものがGDPだと考えてください。

⑤GDPには「名目GDP」と「実質GDP」があります。名目GDPとは、その時々の価格をそのまま表示した実額でのGDPのことをいいます。現在、約500兆円の名目GDPがあります。

⑥これに対し、実質GDPとは、ある年の価格を基準にして調節したGDPをいいます。名目GDPは単純な実額の合計ですから、生産量が変わらなかっ

たとしても、ものの値段が上がると名目GDPも上がってしまいます。デフレならその逆です。

⑦しかしこの実質GDPは、インフレやデフレなどの物価変動の影響を除いて付加価値の増減を見るものです。現在は長い間デフレが続いていますので、実質GDPの方が名目GDPより大きいという状況が続いています。

⑧GDPには3つの側面があります。

⑨1つ目は「生産面」から見た側面です。先ほどGDPを付加価値の合計だと述べましたが、それが生産面から見たGDPの1つの見方です。

⑩2つ目は、生産したものをいかに分配するかという「分配面」から見たものです。各企業の支払給与、地代家賃、利息等がどのように分配されているかを分析することでGDPを見る方法です。

⑪そして3つ目は「需要面」から見たものです。誰が生産した財やサービスを買っているか、どのようにお金が使われているかという面から見る方法です。景気を支える要因としてよく注目されるのは、この需要面です。

『経営という仕事』（ビジネス社）

> **解説** 関連キーワードにも注目

① キーワードになる単語はGDP

　この文章では「GDP」が数行の間に何度も出てきます。これはGDPが文章の中で重要な役割を担っていることを示します。

② キーワードが初めて出てきた個所をチェック

　初めてキーワードが出てくる個所は、そこで意味を説明したり、なぜ着目しているのかを述べたりしていることがあるからです。この文章の場合、2段落までに「GDP」の意味を説明しています。

③ 関連キーワードにも注目

　この文章では、「GDP」以外に「名目GDP」「実質GDP」という単語も何度か出てきます。キーワードに関係がありそうな言葉が出てきたら、その都度チェックします。

④ ポイントを列挙している個所もチェック

　この文章は、段落⑧に「GDPには3つの側面があります」とありますが、このようにポイントを列挙しようとしている個所も、重要なことが述べられている可能性が高いと言えます。

> **解答** 答え合わせしてみよう！

　ここでは次の3つをざっとつかむことができれば合格です。
　①GDPとは「国内総生産」のこと。日本国内で1年間につくり出された付加価値の合計を表す。

②GDPは、その時々の価格をそのまま表示した実額の「名目GDP」とある年の価格を基準にして調整した「実質GDP」がある。
③GDPには、「生産面」「分配面」「需要面」から見た3つの側面がある。

強調したいことは、繰り返される！

家族や友人と話をしているとき、同じ話を何度も繰り返してしまったということはありませんか？

> あります、あります。

> 今、2回繰り返しましたよね。まさにこれが、"強調"です。

強調したいこと、伝えたいことがあるときは、同じ話だと分かっていても繰り返してしまいますよね。これは、文章でも同様です。

文章の中で、同じ単語が数ページ内に何度も繰り返し出てきたら、それが重要なキーワードである可能性は高いのです。

つまり、速読するときは、このキーワードとその前後をチェックしていけば、書き手の言いたいこと、ひいては文章の核になっているであろうことを読み取れると言えます。

STEP 7 「言い換え表現」をチェック

キーワードは繰り返している単語だけではありません。
「言い換え」を探してみましょう。
筆者は重要なことを「言い換えて」、何度も書いていることが少なくありません。

問題 さっそく、やってみよう！

次の文章で「自分を動かす」を言い換えている個所はどこでしょうか。

①リーダーとして人を動かすには、まず自分を動かすことが重要だ。
②自分で自分を思うように動かせないのが現実だが、それでも自分を動かそうとしない限り人は動かない。
③自分は楽して、人が動いてその上前をはねてやろうというような考え方を万一リーダーが持っていたら、人は動かないだろう。そんなリーダーの下で働きたい人などいないからだ。自分を動かしてこそ人も動いてくれる。
④どんなに困難なことがあっても自分が先頭に立って組織を動かし、その困難を切り開こうとする心構えが重要だ。
⑤「指揮官先頭」という言葉がある。
⑥この言葉は、もともと海軍兵学校で将来の幹部となる学生たちに教えられた言葉だという。
⑦広島県江田島にあった海軍兵学校（海兵）の卒業生は士官となって任官し、将来は海軍の中枢を担う幹部となっていった。「陸士（陸軍士官学校）、海兵に入ることは東大に入ることより難しい」とさえいわれていた。
⑧海兵では厳しい訓練の傍ら徹底したエリート教育が行われた。日本海軍の士官としてふさわしい学問や考え方を厳しくたたき込んだ。さらに、スマートをモットーとする海軍では、テーブルマナーをはじめ、第二次大戦

中でも、一般には敵国語として禁じられた英語教育も行われていた。
⑨その中で、「指揮官先頭」ということも徹底されたという。
⑩指揮官たるべきもの、常に先頭に立って部隊を率いる覚悟が必要ということだ。戦闘状態で指揮官先頭を行うということは命の危険が伴うが、その覚悟がないと部下はついてこない。困難な状況であればあるほど、指揮官先頭の気構えが大切だ。
⑪リーダーが、「だれかがなんとかしてくれるだろう」などと考えていては、だれもなんにもしてくれない。人に依存せず「自分でなんとかする」と思ったときに、初めて人は動くのだ。

『できる社員はこうして育てる！』（ダイヤモンド社）

解答 答え合わせしてみよう！

　筆者が最も言いたいのは、段落①の冒頭部分「リーダーとして人を動かすには、まず自分を動かすことが重要だ」です。そこで、「**自分を動かす**」ことについて、段落④では「**自分が先頭に立って組織を動かし**」、段落⑤では「**指揮官先頭**」、段落⑪では「**人に依存せず『自分でなんとかする』**」などと様々な表現で「言い換え」ることで、繰り返し強調しているのです。
　「言い換え」は、書き手が手を変え、品を変え、繰り返し強調したい個所です。この方法を理解することで、書き手の言いたいことが分かりやすくなります。

STEP 8 「主張と根拠」をチェック

筆者が何を言いたいかを適切に理解するためには、
筆者の「主張」とその「根拠」を正確に把握する必要があります。

問題　さっそく、やってみよう！

以下の文章を読んで、書き手の主張とその根拠をつかんでください。

①私はかねてから「税金は消費税一本にすべきだ」と思っています。理由はいくつかあるのですが、まずは、そうすることで税の不公平感が払拭できると思うからです。現行の税制下で所得税の不公平感を増す原因となっているのが、課税所得（年収からさまざまな控除を引いた額）の多い人ほど、税率が増す累進課税という仕組みです。
②課税所得が500万円の人は所得税率が20％ですが、1000万円になると33％に跳ね上がります。
③それぞれ既定の控除額を差し引いて計算すると、年収500万円の人の所得税は57万2500円なのに対して、年収1000万円の人はその約3倍、176万4000円の所得税を支払わなければなりません。つまり、年収が2倍になったら3倍の税金を払わなければならないのです。これが累進課税というものです。
④たとえ税率が一定であったとしても、500万円と1000万円とでは後者のほうが額が多いので、税金を多く支払うわけですが、さらに所得が上がれば上がるほど税率も上がります。所得の多い人にとっては極めて不公平な仕組みに映るはずです。稼げば稼ぐほど税金で持っていかれるのならば、働く意欲も減退するというものです。所得の多い人が、たくさん負担する

のは合理的ではありますが、累進税まで課さなければならない根拠はどこにあるのでしょうか。ある程度食べられれば、それ以上は多く支払えということだと思いますが、それなら、稼ぐ時点でとるよりも使う時点で捕捉する消費税の方が公平感がより高いのではないでしょうか。

⑤また「お金を得た」時点にさかのぼって税金をとるのが所得税ですが、時間をさかのぼらなければならないうえに、所得の種類がたくさんある場合は捕捉が大変難しくなります。その点、消費税は仕組みがシンプルで、「お金を使った」時点で税金を確実に徴収できるわけですから、未納が防げるという意味では非常に優れています。

⑥実際、サラリーマンはほぼ100％、所得を捕捉されていますが、自営業者や農家には所得をきちんと申告していない人がいます。課税所得が100万円未満しかないのにベンツを乗り回しているのは明らかにおかしいと思います。

⑦さらに所得税は、控除がたくさんあって、極めて分かりにくくなっています。税制はなるべくシンプルな方がいい。複雑にすればするほど分かりにくくなります。税制が複雑になって喜ぶのは、それを管轄する国税庁や税務署、税理士だけです。彼らの仕事や存在意義が増すからです。

『小宮一慶の「深掘り」政経塾』（プレジデント社）

> 解説　言いたいことは「何か」「それはなぜか」

① 主張を見極める

　新聞やビジネス関連の文章などでは、書き手の主張を冒頭で述べるケースが多く見られます。この文章でも段落①で、「私はかねてから『**税金は消費税一本にすべきだ**』と思っています」と**主張**しています。

② 根拠を確認する

　この文章では「消費税一本にすべきだ」と主張したあと、「**税の不公平感が払拭できると思うから**」という**根拠**を述べています。主張が出てきたあとは、そのあとに「○○だから」など理由を述べることが一般的です。主張と根拠が明確になれば、文章の要点もつかみやすくなります。また、段落⑤に出てくる「**消費税は仕組みがシンプルで、『お金を使った』時点で税金を確実に徴収できる**」という文も、消費税の一本化を主張する根拠です。

③ 「根拠の裏づけ」は必要に応じて読む

　主張を述べて根拠を提示したあと、根拠の裏づけが書かれていることがあります。この文章では、「税の不公平感が払拭できると思うから」と根拠を述べたあと、その根拠の裏づけを挙げています。それが、段落①の「**現行の税制下で所得税の不公平感を増す原因となっているのが、課税所得の多い人ほど、税率が増す累進課税という仕組みです**」です。また「税金を確実に徴収できる」根拠として、段落⑥で「**サラリーマンはほぼ**

100%、所得を捕捉されていますが、自営業や農家には所得をきちんと申告していない人がいます」としています。

　これらの個所は、ケースバイケースで読みます。根拠を読むだけで書き手の主張する理由が分かれば読み飛ばして構いませんが、それで納得いかない場合は裏づけとなる個所も読んでいきます。

4　具体例は読み飛ばしてよい

　具体例は読み手の納得度を高めるためのものです。問題の文章では、段落②、段落③、段落④が該当します。この具体例は、読み飛ばしても構いません。主張とその根拠（必要によっては根拠の裏づけ）を読むだけで、要点はつかめるはずです。

解答　答え合わせしてみよう！

> 　この文章で次のことが分かれば合格です。
> **主張**
> ・税金は消費税一本にすべきだ。
> **根拠**
> ・税の不公平感が払拭できるから。
> ・消費税は「お金を使った」時点で税金を確実に徴収できるから。
> ・税制はシンプルな方が分かりやすくて良いから。

STEP 9 「指示語」をチェック

これ、あれ、それ、どれなどを指示語と言いますが、文章の内容が複雑になってきたときほど、指示語が何を指しているのか置き換えながら読むと理解しやすくなります。

問題　さっそく、やってみよう！

指示語①②が指している内容を考えてください。

「日本の医療制度が破綻している」というのは、誤解をまねきがちな表現です。医療全体よりも「病院制度が破綻寸前」と考えると、①この問題の本質が見えてきます。

医療法によれば、ベッドが20床以上ある医療施設を病院、19床以下を診療所（あるいはクリニック）と呼びます。「病院が破綻した」というニュースは耳にタコができるほど聞きますが、「診療所が破綻した」という話はほとんど聞きません。②それこそが本質です。今の医療制度のしわ寄せがすべて病院にいっているのです。病院とクリニック（開業医）に分けて考える、ここが今回の深掘りポイントです。

『小宮一慶の「深掘り」政経塾』（プレジデント社）

解説　直前の語句、文章をチェック

指示語が示す内容は次のどちらかであることが大半です。

・同じ文の中の直前の語句

100％、所得を捕捉されていますが、自営業や農家には所得をきちんと申告していない人がいます」としています。

　これらの個所は、ケースバイケースで読みます。根拠を読むだけで書き手の主張する理由が分かれば読み飛ばして構いませんが、それで納得いかない場合は裏づけとなる個所も読んでいきます。

4　具体例は読み飛ばしてよい

　具体例は読み手の納得度を高めるためのものです。問題の文章では、段落②、段落③、段落④が該当します。この具体例は、読み飛ばしても構いません。主張とその根拠（必要によっては根拠の裏づけ）を読むだけで、要点はつかめるはずです。

解答　答え合わせしてみよう！

> 　この文章で次のことが分かれば合格です。
> **主張**
> ・税金は消費税一本にすべきだ。
> **根拠**
> ・税の不公平感が払拭できるから。
> ・消費税は「お金を使った」時点で税金を確実に徴収できるから。
> ・税制はシンプルな方が分かりやすくて良いから。

STEP 9 「指示語」をチェック

これ、あれ、それ、どれなどを指示語と言いますが、
文章の内容が複雑になってきたときほど、
指示語が何を指しているのか置き換えながら読むと理解しやすくなります。

問題 さっそく、やってみよう！

指示語①②が指している内容を考えてください。

「日本の医療制度が破綻している」というのは、誤解をまねきがちな表現です。医療全体よりも「病院制度が破綻寸前」と考えると、①<u>この</u>問題の本質が見えてきます。

医療法によれば、ベッドが20床以上ある医療施設を病院、19床以下を診療所（あるいはクリニック）と呼びます。「病院が破綻した」というニュースは耳にタコができるほど聞きますが、「診療所が破綻した」という話はほとんど聞きません。②<u>それ</u>こそが本質です。今の医療制度のしわ寄せがすべて病院にいっているのです。病院とクリニック（開業医）に分けて考える、ここが今回の深掘りポイントです。

『小宮一慶の「深掘り」政経塾』（プレジデント社）

解説 直前の語句、文章をチェック

指示語が示す内容は次のどちらかであることが大半です。

・同じ文の中の直前の語句

- 1つ前の文の全体、あるいは一部

　実際にどちらもあてはめてみて、適したものを探していきます。文章中の「①この」が指すのを、この法則にあてはめてみます。

- **同じ文の中の直前の語句→病院制度が破綻寸前（という問題）**
- **1つ前の文の全体、あるいは一部→日本の医療制度が破綻している（という問題）**

　一見、どちらも正しいように見えますが、正解は、「日本の医療制度が破綻している」です。「日本の医療制度が破綻しかけているという問題の本質は、病院制度が破綻しかけていることにある」と考えると、スムーズに読むことができます。

　続いて、「②それ」は何を指しているのでしょうか。

　この指示語は**文頭にあるので、1つ前の文章から探し**ます。

　まず、「それ」のあとを読んでみると、「今の医療制度のしわ寄せがすべて病院にいっている」とあります。これが、問題の理由です。

　このことから、「②それこそが本質」の「それ」が指す内容は、「診療所が破綻した」という話はほとんど聞かないこと、つまり、「**病院ばかりが破綻していること**」が該当することが分かります。

解答　答え合わせしてみよう！

①この……日本の医療制度が破綻している（という問題）
②それ……「診療所が破綻した」という話はほとんど聞かない（＝病院ばかりが破綻している）（こと）

STEP 10 「接続詞」をチェック

だから、しかし、そして……。
普段私たちが会話の中でも使い慣れている接続詞は、
文や語をつなぎ、相互の関係性を明確にする働きがあります。

問題 さっそく、やってみよう！

次の文章の①と②にあてはまる接続詞はどれか、選択肢の中から選びましょう。

　昭和30年代の高度成長期の頃は、意識の統一が図りやすい側面があったと思います。
　当時の日本人には、「戦後ようやく復興しつつある日本を、世界の一流国にするんだ」「社会を発展させよう」「もっと豊かになろう」といった意識が、会社という枠を越え、国民全体にあったからです。（①）、忙しくても頑張れました。
　その結果、あれよあれよという間に先進国の仲間入りを果たすことができました。生活はどんどん豊かになり、精神的にも充足しました。
　（②）、今は違います。
　物質的には非常に豊かになり、社会は成熟しました。

『ぶれない人』(幻冬舎)

（選択肢）
つまり、ところで、だから、しかし、そして

解説　順接か逆説かを見極めよう

前後の文章を見て、それが順当につながりそうか、対立しそうかを考えることから始めてみます。

（①）の前の文には、「戦後ようやく復興しつつある日本を、世界の一流国にする」「社会を発展させよう」「もっと豊かになろう」という意識があったと書いてあります。一方、後ろの文は、「忙しくても頑張れた」とあります。一流国にする、社会を発展させる、もっと豊かになろうという**意識があった**「**から**」、忙しくても頑張れたと考えるとスムーズです。つまり、順当につながる順接の文章ですから順接の語句から最も適したものを選んでいきます。

（②）の前の文を見ると、「あれよあれよという間に先進国の仲間入りを果たし、豊かになった」とあります。一方、後ろの文は、「今は違います」と書いてあります。**豊かになった**「**けど**」、今は違うと考えるとうまくつながります。すなわち、前の文と後ろの文は逆のことを言っているため、逆接の語句を選択すればいいということになります。

解答　答え合わせしてみよう！

<解答>　①だから　②しかし

「だから」のように、前後の文や語が順当につながることを**順接**、「しかし」のように前後の文や語が対立することを**逆接**と言います。前後の文や語がどんな関係にあるのか、接続詞からある程度読み取ることができるので、速読の際にも大いに役立ちます。それぞれの接続詞の役割は、次ページの図表を参考に確認しましょう。

もっと「接続詞」！
接続詞の種類と役割に注目しよう

順接

こういうわけで／こうして／したがって／そこで／それで
だから／ゆえに／〜から／〜ために／〜ので

役割 前の文や語と順当につながる内容を後ろで述べる。

用例
・私はお酒が好きだ。だから、会社の同僚を誘って飲みに行くことがある。
・私は旅行が好きなので、たくさんのガイドブックをもっている。

逆接

が／けれども／しかし／だが／でも／ところが
とはいえ／〜のに／〜ものの

役割 前の文や語と対立する内容を後ろで述べる。

用例
・私はお酒が好きだが、週に2回ほどたしなむ程度にとどめている。
・私は旅行が好きなのに、仕事が忙しくてなかなかまとまった休みが取れない。

並列添加

および／さらに／しかも／そして
それから／なお／ならびに／また

役割 前の文や語につけ加えたり並べたりする内容を後ろで述べる。

用例
・私はお酒が好きだ。さらに、食べることも好きだ。
・私は旅行が好きだ。また、地図を読みながら歩くのも好きだ。

選択

あるいは／それとも／または／もしくは

役割 前後の文や語の内容を比べ、どちらかを選択する。

用例 ・今、やるべきか。それとも、後でまとめてやるべきか。

説明補足

すなわち／ただし／例えば／つまり
というのは／なぜなら／もっとも／要するに

役割 前の文や語の補足説明を後ろで述べる。

用例
・飲みに行こうか。ただし、その仕事を完璧に終わらせてから。
・私は旅行が好きだ。なぜなら、世界は広いことを改めて実感できるからだ。

転換

さて／では／ときに／ところで

役割 前後の文や語の間で、話題が変わる。

用例 ・新たな仕事にも慣れてきたようですね。
ところで、日曜日は空いていますか?

STEP 11 「文末表現」をチェック

最も言いたいことを文末にもってくることも少なくありません。
また、文末でこれまでと違う、意外な展開の結末を表現することもあります。

【問題】さっそく、やってみよう！

次の文章を、文末表現に注意して読み、書き手が何を言いたいのか、主張をまとめてください。

①会社に来てしっかり働きもせず、ぷらぷらしている人がいることがある。遊んでいるとまでは言わないが、のんびりしているのがよいと勝手に決め込んで、会社もそれを見て見ぬふりをしている。これは本人にも会社にも不幸なことだ。
②職場とは働く場所である。遊びに来たり、のんびりしに来るところではない。それは、休日に家庭で行うことである。しっかりと働く人をつくるためには、その当たり前のことをまず、はっきりとさせておく必要がある。社員全員が、自分の能力を十分に出して働くという社風をつくることが必要だ。
③そのためには、トップや幹部が率先して働き、そういう考えを常に発言しなければならない。「そんな当たり前のことを」と思うかもしれないが、その当たり前のことができないから会社はおかしくなる。

『できる社員はこうして育てる！』(ダイヤモンド社)

解説　強い主張を見極める

　書き手の強い主張を示す「〜だ」は、段落①の最後にある「**不幸なことだ**」、段落②の最後「**必要だ**」、２カ所に使われています。その他、書き手の思いが込められているのが段落③の「**なければならない**」です。こうした文末表現に注意するのも、要点をつかむポイントのひとつです。強い主張を表す文末表現個所を中心に書き手の主張をまとめると次のようになります。

解答　答え合わせしてみよう！

> 　会社に来てしっかり働かないのは、本人にも会社にも不幸なことだ。職場は働く場所なので、社員全員が自分の能力を十分に出して働くという社風をつくることが必要だ。そのためには、トップや幹部が率先して働き、そういう考えを常に発言しなければならない。

断定表現がカギを握る

　文末表現をチェックすれば、文章の中で強調したい個所が見えてきますが、特に断定表現は文章の中でカギを握る可能性が高いため、注意して読んでください。主張を表す文末表現の例は以下です。参考にしましょう。

「〜（の）だ」「〜のである」「〜と思う」「〜と考える」「〜べきだ」
「〜ねばならない」「〜必要がある」「〜のはずだ」「〜のではないか」

STEP 12

「図表」をチェック

仕事で目を通す資料や書籍の中には、たびたび図表が登場しますが、速読するときは、「文章＋図表」のセットで、図表を適宜活用しながら読むと理解しやすくなります。

問題 さっそく、やってみよう！

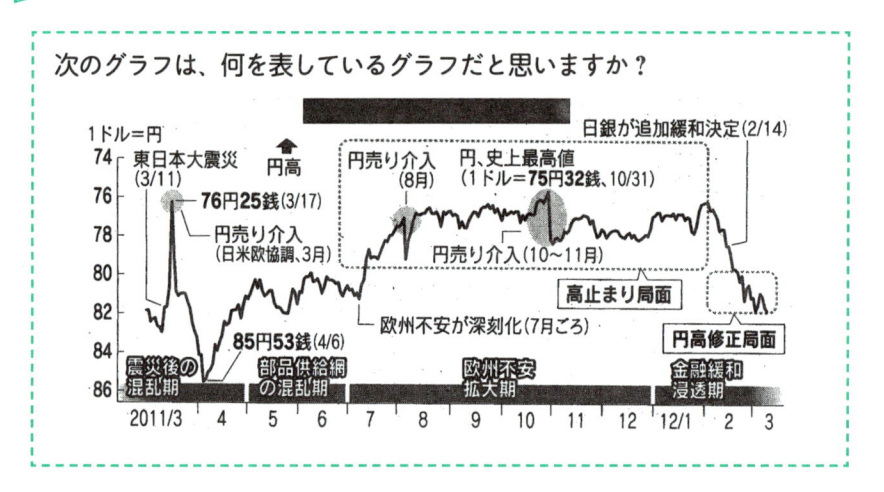

次のグラフは、何を表しているグラフだと思いますか？

```
1ドル＝円                                    日銀が追加緩和決定(2/14)
74  東日本大震災        ↑円高
    (3/11)        円売り介入  円、史上最高値
76      76円25銭(3/17) (8月)    (1ドル＝75円32銭、10/31)
78      円売り介入
        (日米欧協調、3月)  円売り介入(10〜11月)
80
82                                      高止まり局面
84      85円53銭(4/6)  欧州不安が深刻化(7月ごろ)
86    震災後の  部品供給網  欧州不安    円高修正局面
      混乱期    の混乱期   拡大期     金融緩和
                                     浸透期
    2011/3  4   5   6   7   8   9  10  11  12 12/1  2   3
```

解説 見出しや冒頭から読み取る

　このグラフの下には、次のページの新聞記事が続きます。

　グラフを見ただけではピンとこなかった人も、次のページの記事の「**震災・欧州　市場が混乱**」という見出しや、文章冒頭の「**円相場はこの１年、激しく変動した**」という一文を読んで、円相場が折れ線グラフで確認できることが分かると思います。

> ## 震災・欧州 市場が混乱
>
> ### 緩和策ひとまず効果
>
> 円相場はこの1年、激しく変動した。震災後の円は超円高が壁になり、輸出が大幅に減った。市場混乱に続き、生産の立ち直りつつあったところで歴史的な超円高に見舞われ、輸出主導の経済の格下げや債務の上限をめぐる議論の対立、そして欧州債務危機。ドル安やユーロ安で円は再び1ドル＝70円台の高値圏に突入。8、10月と再び最高値を更新し、製造業の収益を圧迫した。
>
> 震災直後に市場に広がったのは、生命保険会社が保険金支払いのために外貨建て資産を売却するのではないか、との思惑だった。
>
> 海外投資筋による円買いが勢いづき、円は16年ぶりに最高値を更新した。
>
> 日銀の緩和、欧州中央銀行（ECB）による大量の資金供給──。世界的な金融緩和によって、混乱した金融市場は落ち着きも見せ始めている。
>
> 震災で部品供給網が寸断された製造業は生産復旧に懸命の努力を続けた。
>
> 『日本経済新聞』（2012年3月11日）

解答 答え合わせしてみよう！

東日本大震災後1年間の円相場

図表は、全体像をつかめばOK

　図表を読むのは苦手という人も多いでしょう。はじめのうちは、図の細かい数字を追うのではなく、**全体像をつかむことに専念**すればOK。

　例えば、売上高を図表化したものがあれば、ある期間内で上向きか、下向きか、横ばいかなどをつかみます。それが分かるだけでも、その会社がどんな状況で推移したか、おおよそがつかめます。

　そのうえで、記事の見出しや、文章の冒頭部分などを読み、重要だと思う数字が出てきたら、図表で確認していけば良いのです。

検定問題① 「速読」

検定問題で力だめしをしましょう。全部理解できた人は、「速読検定」合格です。

次の文章を速読し、150〜200字で要点をまとめてください（一度読んだだけでまとめてください）。

なお、ここまで学んだことを参考にして、赤ペンなどで文章にチェックを入れながら読んでくださいね。

ウォーレン・バフェットの生き方

①ウォーレン・バフェットという人物をご存じですか？
②アメリカの著名な投資家であり、世界最大の投資持株会社の経営者でもあります。
③同時に、世界有数の慈善家です。投資により兆円単位の資産を稼ぎながらも、資産の大部分を恵まれない人などに寄付しています。
④自身の生活は、個人としての年収は10万ドル程度（約1000万円）にとどめ、ネブラスカ州オマハの中流階級の住宅に住み続け、古い車に乗り続けていたという話は有名です。ゆえに、「オマハの賢人」と呼ばれています。
⑤アメリカの長者番付に1985年以来、常にベストテンに入るほどの富豪であるにもかかわらず、贅沢な暮しもせず大半を寄付してしまうというのは、なかなかできることではないと思います。
⑥しかも、これほどの資産を寄付するのなら、自分の名前をつけた財団などに寄付するものですが、彼の場合はそれもしません。資産の約8割以上にあたる約374億ドル（約3兆5000億円）をビル・ゲイツが主催する財団とその他4つの財団に寄付しました。
⑦これは、バフェットが、地位や名声などにもたいしたこだわりをもっていないということを示していると思います。

⑧なぜ、こんな心境に達することができるのか——。それは、国のため、人のためというよほど高い志があるからではないかと私は思います。

⑨彼にとってお金を稼ぐのは、人を助けるための手段に過ぎない。だから、プロの投資家として徹底的に稼ぐという一面を見せる一方、稼いだ大半を寄付に回すことを当然のこととしてできるのだと思います。

⑩とはいえ、どんなに正しい考えをもっている人でも、多額のお金を目の前にしたら、ぶれやすくなるとは言えないでしょうか。あれも買える、これも買えるという欲得がうごめいてしまう人の方が多いはずです。

⑪バフェットがそうならないのは、「人のため」という自分の原点を、人生を懸けて実践しているからではないかと思います。

⑫ところで、「今はまだ寄付するほど稼いでないけど、お金を稼いだら寄付するつもり」などと話す人がいますが、こういう人は、お金を稼いでもまず寄付に充てることはないと思います。本当に人のために寄付がしたいと思う人は、たとえ年収が低くても、そのなかから無理のない範囲で行っているものだからです。

⑬そして、「いつか寄付するつもり」などと話す人に限って、無償でもできるボランティア活動などもしていないというケースが多いものです。「人のため」という原点をもともともっていないか、希薄なために行動に至るまでにはならないのだと思います。

『ぶれない人』(幻冬舎)

解説は次のページです→

> 解説 **速読のポイントをおさらいしよう**

① タイトルをチェックする

　タイトルは文章の究極の要約！　この文章のタイトルは、「ウォーレン・バフェットの生き方」。ここから「ウォーレン・バフェットはどういう生き方をしているのか」が書いてあると推測できるため、スムーズに本文を読み始めることができます。

② キーワードになる言葉をチェック

　文章中で何度も登場するキーワードは、文章中の重要な役割を担います。この文章のキーワードは、「**ウォーレン・バフェット**」です。重要であるゆえに、「ウォーレン・バフェット」を「**著名な投資家**」「**世界最大級の投資会社の経営者**」「**世界有数の慈善家**」といった言葉で言い換えて何度も登場させています。

③ 指示語をチェック

　指示語が何を指しているのか置き換えながら読むと内容を整理できます。この文章に出てくる指示語は、「**これほど**の資産（段落⑥）」「**これ**は（段落⑦）」「**こんな**心境（段落⑧）」「**そう**ならないのは（段落⑪）」「**こういう**（段落⑫）」「**その**（段落⑫）」です。

④ 接続詞に注目

　前後の文章の関係性が分かる接続詞は必ずチェックしましょう。「そして」「だから」などの順接の接続詞は前後の文章を順当につなげ、「しかし」「ところが」など逆説の接続詞は前の文章と反対のことを述べる文章が続きます。この文章の接続詞は、「**ゆえに**（段落④）」「**しかも**（段落

⑥)」「**だから**（段落⑨）」「**とはいえ**（段落⑩）」「**ところで**（段落⑫）」「**そして**（段落⑬）」です。

5 文末表現をチェック

　文章の文末表現に着目すると、書き手の言いたいことが分かります。特にチェックしたいのは、「〜のだ」という断定表現。この文章では、次の２カ所で「〜のだ」が使われています。
1) 稼いだお金の大半を寄付に回すことを当然のこととしてできる**のだ**と思います。（段落⑨）
2)「人のため」という原点をもともと持っていないか、希薄なために行動に至るまでにはならない**のだ**と思います。（段落⑬）

　この５つのポイントをチェックすると、段落①〜⑥でウォーレン・バフェットがどのような人か、段落⑦〜⑪では彼が資産の大半を寄付する理由、⑫〜⑬段落では、一般論として人のために行動するとはどんなことかについて書いてあることが分かります。これらを踏まえて要点をまとめます。

解答　答え合わせしてみよう！

> 　ウォーレン・バフェットは、世界最大級の投資会社の経営者であると同時に、世界有数の慈善家であり、資産の大部分を恵まれない人に寄付している。彼は国のため、人のためという高い志があるため、プロの投資家として徹底的に稼ぐ一方、稼いだお金の大半を寄付に回すことを当然のこととしてできる。「人のため」という原点をもっていない希薄な人は行動に至るまでにはならない。

「速読力」をチェック！

いかがでしたか？ 情報を効率的にインプットする方法がつかめてきましたか。自分にはどのくらい「速読力」があるのか、ここでチェックしてみましょう。

- ☐ 文章の「読むべき個所」がどこか分かる
- ☐ 新聞は見出し、リード文、最後の文、図表をチェックする
- ☐ 書籍はまずは目次をチェックする
- ☐ 「繰り返し出てくる言葉」「言い換え表現」をチェックできる
- ☐ 「指示語」が何を指しているか説明できる
- ☐ 「接続詞」から文章の前後関係を把握できる
- ☐ 「文末表現」から主張したいことが分かる
- ☐ 図表を読んで内容をつかめる

3

「通読」ドリル

長文を、整理しながら理解する!

通読とは、本の初めから終わりまで全ページを読むこと。
一定の知識を得るために、大意をつかむ読み方です。
ここでは通読の意味を紹介するとともに、
長文読解のコツについてもお伝えします。
文章を構成する「序論・本論・結論」や、
「対立」「並立」「譲歩」などの論理展開のパターン、
要約の仕方などについても理解してください。
これらの考え方を理解すれば、
難解な文章が出てきても、
整理しながら読み進めることができます。

STEP 1

通読とは何か？

短い文章で大意をつかむトレーニングをして、
少しずつ長文にトライしていけば、
次第に「読むコツ」が身についてきます。

問題 さっそく、やってみよう！

次の文章を読み、筆者の言いたいことをまとめてください。

　投資信託は、うまく使わないと、投資信託運用会社、そしてそれを販売している証券会社や銀行が儲けるためだけの商品になってしまいます。彼らは、損をしません。投資家が得をしても損をしても、とにかく販売すればするほど手数料が入るからです。それに下手に乗ってしまうと、手数料を取られて泣きを見るだけということになりかねません。

　絶対にやってはいけないことは、証券会社や銀行の店頭に行って「何を買えばよいですか」というような投信の相談をすることです。厳しい販売ノルマがあり、強烈なプレッシャーがかかっている彼らに相談してしまったら、「食いもの」にされるだけです。餌食です。手数料の高い投信を薦められるに決まっています。

　ですから、自分で投信の内容を理解して、何を買えばよいかを判断できるまでは投信を買ってはいけません。同じ銀行で売っているからといって、預けても手数料がかからない預金とは違うものなのです。投信はリスクがあるだけでなく手数料を取られるのです。

『お金を知る技術　殖やす技術』（朝日新書）

解説 キーワードを探そう

「投資信託」に関する話を述べていることは、「投信」というキーワードが頻出しているのですぐに分かると思います。

この文章で要になるのは、自分で内容を理解し、何を買うべきか判断できる能力を持つまでは投信は買ってはいけないということです。

その理由は、損をする可能性があるうえに手数料を取られるため。うまく使わないと、投信は販売する側が儲けるだけの商品になってしまうからと述べられています。これらをまとめられれば合格です。

解答 答え合わせしてみよう！

> 損をする可能性があるうえに手数料を取られる投資信託は、商品内容を理解し、何を買えばいいか判断できるようになるまで買ってはいけない。

短い文章を全部通して読んでみよう

次ページで詳しく説明しますが、通読は、1冊の本を初めから終わりまで読み、大意をつかみ、知識を得る読み方です。

通読の際も、前章の速読で学んだ、キーワードの見極めや、言い換え、主張と根拠、指示語、接続語などが活用できます。

STEP 2
単にひと通り読むことではない

通読は、全体を通して読む読み方です。
1冊読み終えたとき、書き手が主張したいことは何かを見極め、
全体の大意をつかむ必要があります。

全体を通して読み、大意をつかむ読み方

ひと通り読んで、
全体像をつかむ

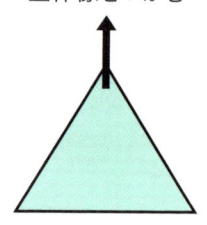

通読は、全体を通して読み、大意をつかむ読み方です。

> 正直、1冊の本を読むだけでも大変です……。

確かに、1冊読み終えることそのものが、「ハードルが高い」と感じるかもしれません。ビジネス書を読み通すとなれば200ページ程度の文章を読むことになりますが、通読で大意をつかむ訓練をすれば、論理的思考力は相当磨かれます。章ごとの内容や書き手の主張を頭の中で整理しながら読み進めていくという作業は、論理的思考力をフル稼働させるからです。

つまり、通読をすることは、「あなたの頭を良くする」ことにつながるのです。

難しい個所には、線を引き、メモをとる！

「通読」とはいえ、あまり構えすぎないこと。まずは、全体の内容が分かり、一定の知識が得られるような、初心者にも分かりやすく書かれたビジネス書などを読んでみましょう。

少し慣れてきたら、これよりもう少し難しい本、すなわち、ビジネス書の中でも、より専門的な本にトライしましょう。自分の仕事に関する本なら、専門的なものでも読めると思います。

こちらは、分からない個所や気になる個所が出てきたら、じっくり考えることです。分からないままにしておくことは良くありません。分かるまで考え、線を引いたり、本にメモをしたりしながら読んでいきます。

> 僕の場合、たとえ入門書でも分からない個所が出てきそうです。

ならば、入門書だから、専門的な本だからと意識せず、通読してみて分からない、難しいと思えばその都度、分からないところはじっくり考え、**大事なところには線を、整理したいことは余白にメモを**とる習慣をつけてしまえばいいのです。私の場合、赤ペンや青ペンなどを使って線を引いていますが、ペンの色に深い意味はありません。

ときどきこれまで読んでメモしたことや、線を引いたところなどを、読み返すのもおすすめです。これにより、理解のレベルを高め、自分の考えをより深めることができます。

STEP 3
文章の構成を理解しよう①

ある程度まとまった文章を読むときは、
文章全体の構成がどうなっているのか確認しながら読むと、
書き手の言いたいことや、その文章のテーマを把握しやすくなります。

基本形は、「序論・本論・結論」

文章構成の代表的な「型」というべきものが、「序論・本論・結論」です。

> 「起承転結」の方が馴染みがあります。

> 国語の授業で習いましたからね。しかし、とくにビジネスに関する本では、「起承転結」の文章構成を見かけることは少ないでしょう。

「起承転結」は、話題を提起し（起）、その話を展開（承）、さらに他の話に転じ（転）、最後に全体をまとめる（結）構成ですが、一方、現在の"主流"ともいうべき型は、「序論・本論・結論」の論理展開です。

序論	➡	本論	➡	結論
導入部分		話の中心		最終的なまとめ

「序論→本論→結論」以外のパターンも

「序論・本論・結論」は基本的に、「序論→本論→結論」の順番で文章が進んでいきますが、これ以外にも次のような型もあります。

〈頭括型〉

結論 ➡ 本論 ➡ 本論 ➡ 本論

はじめに結論が示され、そのあとに本論が並ぶ、新聞の記事などでよく見かけるパターン。

〈尾括型〉

(序論) ➡ 本論 ➡ 本論 ➡ 本論 ➡ 結論

いくつかの本論が並び、最後に結論が示されるパターン（序論はないこともある）。

〈双括型〉

結論 ➡ 本論 ➡ 本論 ➡ 本論 ➡ 結論

初めと終わりの両方に結論が示されるパターン。

最近のビジネスに関連した文章は、先に結論がくる頭括型や前後に結論がくる双括型が多いようです。これは、ビジネス文章を書く場合、「最初に結論を述べる」というセオリーが一般化していることに関係があるかもしれません。

いずれにせよ、論理展開にはいくつかのパターンがあることを頭に入れて結論（言いたいこと）が何かを線を引くなどして常に意識しておくと、読みやすくなります。

STEP 4

文章の構成を理解しよう②

文章にはさまざまな構成があります。
結論は何か、大切なところはどこかを読み解くことが大切です。

問題 さっそく、やってみよう！

次の文章は、「結論→本論→結論」の順に書かれた文章です。それぞれの大意を考えてください（必ず考えてから、解答を見てくださいね。大意を表している部分に線を引いてもいいですよ）。

①IT化の進展の本質を、私は「情報の資本優位性の急低下」だと見ている。情報には、情報収集と発信の双方があるが、その両方において、資本優位性が急低下している。つまり、お金がなくとも情報収集・発信ができるようになった。

②このことは、情報の価値が過去に比べて著しく低下していることを意味している。個人でもネットを使えば、世界中の情報を簡単に得ることができる時代だからだ。このことはさらに、「知恵の優位性」が高まることを意味する。

③情報を意味あるものに変えるのが「知恵」だが、情報が以前とは比べものにならないくらい簡単にたくさん集まる時代では、その情報をいかに意味のあるものに変えることができるかの重要性が以前より増すのである。

④ピーター・ドラッカーが「20世紀は資本の時代、21世紀は智の時代」と言ったのも同じ意味だろう。20世紀は資本優位を生かした産業が発展し、知恵をもった優秀な人達が資本のある企業や組織に雇われていったが、21世紀は、逆に知恵や資本がやってくる時代となるということだろう。90年

代以降、米国の経営者の年収が格段に上昇したが、資本をもった企業が自社の価値を見い出してくれる経営者に多額の報酬を出すようになったともいえるのではないか。

⑤したがって、このIT化が急速に進む時代での人材育成で重要なことは、1 知恵の出る人や知恵の出る仕組みをつくること、2 せっかく出た知恵を共有・蓄積する仕組みをつくることの2点だろう。

『できる社員はこうして育てる!』（ダイヤモンド社）

解説　指示語や接続語は"お助けツール"

段落①が結論、段落②〜④が本論、段落⑤が結論という文章構成です。段落②は、「**このことは**」から始まっていますが、「このこと」は、段落①全体を指しています。つまり、**段落②からは、段落①について、より詳しく説明しているので、「本論」に入ったと考える**ことができます。

段落⑤の最初の文は「**したがって**」で始まっています。この場合の「したがって」は、「以上のことから」というニュアンスが含まれており、**結論を述べている**ことが分かります。

解答　答え合わせしてみよう！

結論 段落① IT化の本質は「情報の資本優位性の急低下」にある。
本論 段落②・段落③・段落④ 情報の価値が過去に比べて著しく低下し、知恵の優位性が高まった。情報を意味のあるものに変える知恵が必要だ。
結論 段落⑤ IT化時代の人材育成では、知恵の出る人や仕組みをつくる、知恵を共有・蓄積する仕組みをつくることが大切だ。

STEP 5 「対立」を読む

対立とは、今と昔のように、比較対象となる2つの事柄を並べて、論を展開していく方法で、対立している言葉がキーワードとなることが多いので注意しましょう。

問題　さっそく、やってみよう！

> 次の文章は、何と何を「対立」させて話を進めているか考えてください。そのうえで、書き手の主張を簡潔にまとめてください。
>
> ①買い手側が有利になった時代ということを言い換えると、「プロダクトアウト」の時代から「マーケットイン」の時代に移っていると表現することができます。
> ②プロダクトアウトとは、プロダクト（製品）をアウトする（出す）ということです。つまり、作り手側の発想で商品を作って市場に投入し、市場がどう反応するかを考えるという意味です。
> ③これに対してマーケットインは、まず市場ありきで、マーケットの中で何が求められているかを考えることが原点となります。お客様の視点に立って考えるのがマーケットインの発想です。
> ④売り手側の発想でものを作るのがプロダクトアウトで、需要が供給を上回っていた、つまり市場が売り手側の発想で作った製品に従うという右肩上がりの時代であればプロダクトアウトでよかったのです。
> ⑤しかし、供給過剰の現在では、やはりマーケットインの発想が必要で、お客様の視点に立って他社との違いを作り出せるように「QPS（品質・価格・サービス）」の組み合わせでベストのものを考える必要があるため、「売る」というよりは「買っていただく」という発想が

重要となります。

『経営という仕事』(プレジデント社)

解説　比較対象になるキーワードを探す

段落①では「プロダクトアウト」「マーケットイン」が出てきますが、以降の文章でも頻繁に登場します。

この２つがキーワード。対立している概念です。

この文章の場合、これらがキーワードですから、まず、この対立している概念を表すキーワードとその意味を正確にとらえることです。

段落②では「プロダクトアウト」が作り手側の発想で商品をつくること、段落③では「マーケットイン」がお客様の視点に立って考えることと定義しています。

なお、この文章では、「需要」と「供給」、「売り手側の発想」と「お客様の視点」、「右肩上がりの時代」と「供給過剰の時代」などの表現も対立関係にあることが分かります。

解答　答え合わせしてみよう！

プロダクトアウト／マーケットイン
　（主張）これからの時代は、マーケットインの発想が必要だ。

STEP 6 「並立」を読む

並立は、「第1に……、第2に……」など、要点を並べながら説明していく展開方法です。論理的な文章では頻繁に登場します。

問題　さっそく、やってみよう！

次の文章で、「並立」を表している個所を探してください。そのうえで、書き手の主張を簡潔にまとめてください。

①私は、経営コンサルタントの仕事をしているなかで、しばしば「『お客様のため』をモットーに頑張っているのに、全然結果が出ないんだけど……」という声を耳にしました。

②結果が出ないのはなぜか。理由は2つのことが考えられます。

③1つは、まだまだ「お客様のため」が足りていないから。「お客様のために良い仕事をしよう」という方向性は間違っていなくても、もっとお客様のために何かできることがあり、そのために結果が出ないというケースです。徹底が足りないのです。こういう会社は、今は苦しくても、今まで以上にお客様志向を徹底する気概で言葉づかいや電話の出方など、小さな行動の改善をコツコツとし続ければ、遠からず、売上げや利益という結果に反映されるのではないかと思います。

④もう1つは、そもそも正しい考え方ではないから。「お客様のため」を実践しているわけですから、一見正しく見えますが、実はお金を儲けるため、その手段として「お客様第一」を掲げているのです。しょせん、金儲けが目的ですから、最初は順調に売上げや利益

が出ても、必ず行き詰まるときがやってきます。

『ぶれない人』(幻冬舎)

解説 「1つ」「2つ」など数字に注目

「1、2、3」「1つ、2つ、3つ」などの数字に関する言葉、「まずは」「次に」など要点を並べるような言葉が出てくる文章は、並立である可能性が高いと言えます。

並立させることで、書き手にとっても内容を説明しやすく、読み手にとっても要点が一目瞭然で読みやすくなります。

この文章の中では、段落②の「理由は2つのことが考えられます」という個所が並立であることを示唆し、そのあとの文章から「1つは」「もう1つは」と並立表現を使って要点を述べています。

解答 答え合わせしてみよう！

並立の個所……1つは（段落③）／もう1つは（段落④）
書き手の主張
「お客さまのため」をモットーに頑張っているのに、結果が出ないのは2つの理由がある。1つは、「お客さまのため」の徹底が足りないから。もう1つは、お金を儲けるための手段として「お客さま第一」を掲げているからだ。

STEP 7 「譲歩」を読む

一般論や反対意見を最初に述べたうえで、自分の主張を行うやり方を「譲歩」と言います。読者へのインパクトを高める書き方です。

問題 さっそく、やってみよう！

次の文章で、譲歩の表現を探してください。そのうえで、書き手の主張を簡潔にまとめてください。

①ビジネスは「弱肉強食」の世界だと言われますが、果たしてそうでしょうか。
②現在のように厳しい経済情勢になってくると、サバイバルのためには、手段を選ばないぐらいの非常な覚悟が必要だという思いを新たにしている人も少なくないかもしれません。
③しかし私は、どんな時代にあっても、ビジネスも人生も「弱肉強食」ではなく、「優勝劣敗」だと信じています。その時々のお客様から見て最適な企業が生き残るのであって、ライバルを蹴落とした企業が生き残るのではないと思っています。
④もちろん、ビジネスは「市場における他社との競争」ですから、ライバル企業と競っていることは紛れもない事実です。でもそれは、ライバルを倒すのではなく、ライバルよりよい商品やサービスを提供して、お客様から選ばれればよいだけのことです。
⑤お客様は敏感ですから、自分にとって都合のよい会社を選択します。ダメな会社は自然に淘汰されます。ビジネスも、ダーウィンの進化論のごとく適者生存であり、「優勝劣敗」なのです。

『どんな時代もサバイバルする会社の『社長力』養成講座』(ディスカヴァー・トゥエンティワン)

解説　反対意見を述べて説得力をもたせる

==譲歩ははじめに一般的な意見、反対意見などを紹介し、逆接の言葉を挟んでから、改めて自分の主張を述べていきます。==

こうして最初に反対意見を述べることで、その後に続く自分の主張に説得力をもたせることができるので、新聞の社説や評論では、この譲歩のテクニックが頻繁に使われます。段落①で、「ビジネスは『弱肉強食』の世界だと言われますが、果たしてそうでしょうか」と読み手に**問題を提起**し、段落②では「弱肉強食」と言われる背景を説明しています。段落③で「しかし」でつなげたあと、「私は、どんな時代にあっても、ビジネスも人生も『弱肉強食』ではなく、『優勝劣敗』だと信じています」と**主張を述べ**ています。

段落①の「弱肉強食だろうか」と疑問を投げかけ、段落③の「優勝劣敗だと信じる」と論を展開する一連の流れが譲歩です。

解答　答え合わせしてみよう！

譲歩の表現　ビジネスは「弱肉強食」の世界だと言われますが、果たしてそうでしょうか。
書き手の主張　どんな時代にあっても、ビジネスも人生も「弱肉強食」ではなく、「優勝劣敗」だと信じています。

STEP 8

予測しながら読もう ①

今後の展開について「なんで?」「それから?」などと予測を立て、
実際に書かれている内容と予測が合っているか、読みながら照合していくと、
理解が深まります。

問題　さっそく、やってみよう！

見出しにある「都産都消」というキーワードがどういう意味なのか「予測」してください

都産都消の飲食店続々

地元に特化　仏料理店や・居酒屋も

東京都内で地産地消に取り組む動きが官民で広がり始めた。食材の9割を都内産で賄うフランス料理店や、複数の飲食店が連携して地元の食材利用に取り組む例も出てきた。各店は、食の安全や新鮮さを訴えられる効果に加え、近場の作物を使うことで仕入れコストの削減も見込む。東京都も都内の農林水産物を使う飲食店の登録制度を創設してサポートを始める。

『日本経済新聞』（2010年8月3日）

解説　連想できる言葉は何か？

「都産都消」という言葉を見て、何を連想しましたか？　すぐに「地産地消」を思い浮かべた人は、「都産都消」が「地産地消」をもじっていると分かるはずです。「地産地消」とは、地域で生産された農産物や水産物をその地域で消費すること。ここから、「都産都消」が東京で生産されたものを、東京で消費すること、という予測ができるのではないでしょうか。

> **解答 答え合わせしてみよう！**

> 東京都でつくった農産物や水産物を、東京都で消費すること。

予測を交えて読んでみよう

　　　内容を予測しながら読むには、専門的な知識が必要な場合があります。 例えば、経済の知識があれば、「2007年に米国でサブプライム問題が発生した」という文章を読んだとき、瞬時にこんな予測を立てられるでしょう。

> 2007年に米国でサブプライム問題が発生した。

なんで？
本来住宅を買えない人に住宅を販売し、それにより住宅価格が上がり、一般の人を巻き込んでバブルが起こっていた。さらには、そのローンが焦げ付いた。

↓

それで？
バブルが崩壊し、住宅価格が一気に下落した。

↓

それから？
それにより、家計のバランスシートがかなり悪化した。

↓

そのあとは？
米国のGDPの70%を支える個人消費の低迷から、米国経済が長期的に低成長となる可能性がある。

STEP 9

予測しながら読もう②

次の内容がどんなことか予測できると、
頭の中で、文章の枠組みや論理構成をある程度予測できるので、
文章を読むスピードや理解力が格段に向上します。

> 問題 **さっそく、やってみよう!**

次の文章を読んで、その後の話の展開を予測してください。

　製品ライフ・サイクルは、商品も人間と同様に生まれ、いつか死ぬ運命にあるという考え方が基となっており、「導入期」「成長期」「成熟期」「衰退期」の4つの段階に分けられる。企業は、各段階における顧客や競争環境などの基本的な考え方を踏まえたうえで、戦略を策定する必要がある。
　導入期は、新商品を市場に導入して市場開拓を行う段階だ。顧客は商品の存在や効用を認知していないため、企業は、商品のコンセプトを理解してもらうことに重点を置くことになる。
　この段階では、導入のための流通コストや販売促進費用が大きく利益は出にくい。競合他社は、その商品が市場に支持されるか様子見している段階なので、市場浸透はゆっくり進むことが多い。

> 解説 **流れを予測しよう**

　この文章は、マーケティング関連の書籍などで頻出する「製品のライフ・サイクル」について述べたものです。冒頭で、製品ライフ・サイクル

が、「導入期」「成長期」「成熟期」「衰退期」の４段階に分けられることが述べられ、その後、導入期について説明しています。ということは、**続きの文章には、成長期、成熟期、衰退期について述べられているのではないか――と予測できる**のです。

解答 答え合わせしてみよう！

> 成長期、成熟期、衰退期について述べられていく。

　マーケティング関連の仕事をしている人なら、成長期、成熟期、衰退期には顧客はこうなる、競合はこうなる、売上げや利益はこういうイメージで推移するなど、より詳細に考えられるはずです。
　ここまでくれば、ある一文を読み飛ばしたとしても、前後の文脈から読み飛ばした内容を予測できるようになります。
　その意味でも、日頃から、自分の仕事に関する知識を得、関連書籍を意識的に読むなどする心がけが必要ですね。

> 自分が予測した通りの展開にならなくてもいいんですか。

　もちろんです。予測したこととまったく違う展開になる典型的なものが、落語や推理小説ですよね。あれは、予測したことと違う展開になるからこそ、人の笑いを誘い読み手を引きつけるのです。

STEP 10 要約しながら読もう

ここでは、「要約」について勉強しましょう。
理解力に直結するとても大切なところですから、しっかりと勉強してください。

問題 さっそく、やってみよう!

次の文章を読んで、要約してください。

①駆け出しのコンサルタントにありがちな失敗が、「声の大きなお客様の話に惑わされる」というものです。間違ったことでも、もっともらしく聞こえてしまうことがあるのです。「〇〇さんはこう言っていた」などという言葉は要注意です。それが全体の意見を代弁しているかどうかが分からないからです。
②お客様の話を聞くときにコンサルタントが心がけなければならないのは、「ノイジー・マイノリティに騙されない」ということです。ノイジー・マイノリティとは、「やかましい少数意見」という意味です。
　　　　　　　　　　『コンサルタントの仕事力』(朝日新書)

解説 各段落を要約し組み合わせる

まずは段落ごとに要約します。①駆け出しのコンサルタントにありがちな失敗が、「声の大きなお客様の話に惑わされる」というもの。②お客様の話を聞くときにコンサルタントが心がけなければならないのは、「ノイジー・マイノリティに騙されない」ということ。①と②をつなぎ合わせれば、要約は完成です。

> 解答　答え合わせしてみよう！

> ①駆け出しのコンサルタントにありがちな失敗が、「声の大きなお客様の話に惑わされる」というもの。②お客様の話を聞くときにコンサルタントが心がけなければならないのは、「ノイジー・マイノリティに騙されない」ということだ。
>
> さらに短い要約は、「ノイジー・マイノリティに騙されない」です。これが、この文章の最も言いたいことです。

要約とは、本当に言いたいことを抜き出したもの

要約は、高度なテクニックは必要ありません。書き手が言いたいことや重要な個所を丸ごと抜き出せばOK。手順をご紹介しましょう。

❶ 各段落を要約する

段落ごとに、書き手が言いたいことを抜粋します。抜粋する個所は、段落内にいくつかある場合もあります。線を引いてもかまいません。

❷ 各段落の要点をつなぎ合わせる

各段落の要点をつなぎ合わせます。慣れないうちは段落通りに羅列するだけでOKです。

❸ 全体の要点をまとめる

❷が長い場合、さらにコンパクトにまとめます。この時点で書き手の言いたいことはかなり見えていますから、省くべき部分も見極められ、より言いたいことを端的にまとめられます。

要約は、このまとめ方が100％正しいということはありません。書き手の言いたいことを逃さず、それをきちんと押さえることさえできれば良いととらえておきましょう。一番のポイントをつかむことが大切です。

STEP 11 図表化しながら読もう①

文章を図表化すると、理解しやすくなります。
慣れないうちは、対比されている部分や
書き手の主張だと思うところに線を引くことから始めてください。

問題　さっそく、やってみよう！

次の文章を読んで、「合成の誤謬（ごびゅう）」とはどのようなことか、分かりやすくなるように図表化してみてください。

①「合成の誤謬」とは、個々（ミクロ）の活動は合理的なのですが、それをすべてまとめてマクロ的に考えると、全体としてはマイナスの結果が出ることを言います。

②例えば、企業が業績を上げるためにリストラを行うとします。リストラにより企業の経費は削減され、企業業績は向上します。しかし、各企業が同様にリストラを進め企業業績を向上させようとすると、国全体では失業率が上昇してしまうこととなり、それにより個人消費が減少するということになれば、最終的には企業業績の向上よりもマイナスの結果をマクロ的にもたらすことにもなりかねません。

③2003年当時、東京駅周辺、汐留、品川などでビルの建設ラッシュが起きましたが、これについても「合成の誤謬」に当てはめて説明することができます。

④ミクロ的には地価が下落した土地を購入し、競争激化で安くなった建設費でビルを建てれば、個別のビル自体の採算を確保することはできます。しかし、そうやって多くのビルが建つと、今度はビルが供給過剰となり、ビル賃料全体が下落して、築年数の古いビルをはじめとして多くのビルが採算割れを起こすということになりかねません。

⑤そうすると、地価がさらに下落します。またそれにより、新たに建てたビルは従来より安く建てられるためテナントも集まり採算に乗りやすいのですが、さらにマクロ的にはビルの賃料が下落するという悪循環に陥ります。

⑥こうした合成の誤謬が発生する場合には、政策的に歯止めをかけないと、悪循環がずっと続くことにもなりかねません。ミクロレベルでは当然企業は合理的行動をとろうとしますが、マクロ的にはマイナスとなる可能性が高い場合には、政策的な配慮が必要となるのです。

『新幹線から経済が見える』(実業之日本社)

解説　図にすると分かりやすい

対比されているものは、図にすると分かりやすくなることがあります。この文章では、ミクロの状態とマクロの状態が対比されています。これらを図にまとめてみましょう。

解答　答え合わせしてみよう!

	ミクロ	マクロ	
合成の誤謬の定義	合理的	マイナスの結果が出る	政策的な配慮が必要
リストラの例	企業は経費を削減 ↓ 企業業績は向上する	国全体では失業率が上昇 ↓ 個人の消費が減少してしまう	
ビルの 建設ラッシュの例	地価が下落し、 建設費が安くなる ↓ 個別のビルの採算を 確保することができる	ビルの賃料全体が 下落する ↓ 多くのビルが 採算割れを起こす	

STEP 12

図表化しながら読もう②

自分が読んだ文章を図表化できるようになれば、
かなり理解力が高まったといえるでしょう。

問題 さっそく、やってみよう！

次の文章を読んで、内容を図表化してください。

①メーカーが流通チャネルを構築するうえでは、流通業者の数についての選択が重要となる。流通業者の数と基本政策の関係は、次の３つに類型化される。

②開放的流通チャネル政策は、商品をできる限り多くの店舗に流通させる政策で売上げとシェアのアップが図りやすい。多数の店舗で販売することで、ブランド露出の向上、機会ロスの低減、顧客の利便性を図ることができる。反面、流通在庫や店舗の管理が難しい。日用品や食料品など比較的低価格の商品に適している。

③選択的流通チャネル政策は、開放的流通と閉鎖的流通の中間に位置し、自社商品の取扱いを希望する流通業者の中から、複数社を選択して取引をする。販売力の大きい流通業者に集中することで効率よく販売できる。家電や家具などの耐久消費財で多く見られる。

④閉鎖的流通チャネル政策は、生産者が商品を取り扱う流通業者の数を意図的に制限して、自社の意向や商品コンセプトに合致したごく限られた流通業者のみに自社商品を販売する権限を与えることでチャネルの主導権を握ることができる。住宅、乗用車などがその典型的な例である。メーカーの意図に沿った販売方法などが維持しやすいが、店舗が限られ販売量に限

度があるうえ、商品力が低下するとチャネルの主導権を失う。

解説 キーワードに着目してまとめよう

短い中に、盛り込んである内容が多い文章も図にするとより分かりやすくなります。「開放的流通チャネル政策」「選択的流通チャネル政策」「閉鎖的流通チャネル政策」について、概要、ねらい、主な適合商品、メリット、デメリットを整理し、図表化してみましょう。

解答 答え合わせしてみよう！

	開放的流通チャネル政策	選択的流通チャネル政策	閉鎖的流通チャネル政策
概要	商品をできる限り多くの店舗に流通させる	自社商品の取扱いを希望する流通業者の中から、複数社を選択して取引をする	自社の意向や商品コンセプトに合致したごく限られた流通業者のみに販売する権限を与える
ねらい	シェアのアップを図る	効率よく販売する	チャネルの主導権を握る
主な適合商品	比較的低価格の日用品や食料品	家電や家具などの耐久消費財	住宅、乗用車など
メリット	ブランド露出の向上、機会ロスの低減、顧客の利便性を図ることができる	販売力の大きい流通業者に集中することで効率よく販売できる	メーカーの意図に沿った販売方法などが維持しやすい
デメリット	流通在庫や店舗の管理が難しい		店舗が限られ販売量に限度がある。商品力が低下するとチャネルの主導権を失う

検定問題② 「通読」

今度は「通読」の検定問題にトライしましょう。

次の文章は「あなたが一番、あなたは特別」という見出しがつけられています。通読し、文章構成を意識しながら大意をつかんでください。

①リレーションシップ・マーケティングとは、簡単にいえば、「1回のお客様にいかにして一生のお客様になっていただくか」を考えることだ。

②私は、そのコツは「あなたが一番」と「あなたは特別」だと思っている。お客様から見て「(この会社やサービスが) 主観的に一番」と思ってもらえたら、一生付き合ってもらえるだろう。そのためには、お客様ひとりひとりを「特別」に扱うことが大切だ。

③それには、データベースを活用した「データベース・マーケティング」や、ひとりひとりへの対応策を考える「ワン・ツー・ワンマーケティング」が必要だが、これらについてはマーケティング関連の経営書に詳細を譲る。

④そして、従業員に対しても、「あなたは特別」を行うことが、従業員のやる気

解説 文章構成を意識して読む

まずは、各段落に何が書かれているのか、見ていきましょう。

【段落①】

「リレーションシップ・マーケティング」とは何かを説明しています。これは導入部分なので「序論」です。

を高めることは言うまでもない。ひとりひとりの従業員が「特別」に扱われるようになれば、会社への忠誠心も高まるし、やる気も出る。
⑤「あなたは特別」の第一歩は名前である。
⑥お客様でも従業員でも全員を十把一からげに扱うのではなく、ひとりひとりを特別に扱わなければならない。その際に、「皆さん」とか、「きみ」「おまえ」などというふうに呼んでいたのでは、特別な関係はつくれない。
⑦「山田さん」「田中君」と声をかけることによって、その瞬間に１対１の特別の関係ができるのだ。「自分は注目されている」、「上司は自分に目をかけてくれている」と思うことがちょっとしたやる気につながる。
⑧だから、人を名前で呼ぶように心がけることで、「あなたは特別」の第一歩をつくり出せるのだ。

『できる社員はこうして育てる！』（ダイヤモンド社）

ふむふむ。「序論→○→○→○」という論理展開の文だぞ。

【段落②】

段落②以降で、リレーションシップ・マーケティングのコツについて述べています。ここで注目したいのが、段落②の最初で「私は、そのコツは

『あなたが一番』と『あなたは特別』だと思っている」と書いてある部分。見出しである「あなたが一番、あなたは特別」と同じことを言っています。

> 繰り返し、ということは、ここが言いたいことなのかも！

そう、これが書き手が最も言いたいことです。段落②の最後は、「そのためには、お客様ひとりひとりを『特別』に扱うことが大切だ」と言い切っていることから、この文章の核（結論）になっていることが分かります。

【段落③、段落④】

段落③は、段落②の最後を受けて、「特別」に扱うための方法論（本論）が述べられています。段落④では従業員に対する「あなたは特別」の考え方（本論）を述べています。

> 本論は結論の証拠を積み上げていく部分なんですね。

【段落⑤、段落⑥、段落⑦】

「『あなたは特別』の第一歩は名前である」は（本論）の続きです。段落⑥段落⑦は、段落⑤の理由を説明している（本論）です。

> 本論の説明をしているから、これも本論ですね。

【段落⑧】

「だから」という接続詞を挟んで、「だから、人を名前で呼ぶように心がけることで、『あなたは特別』の第一歩をつくり出せるのだ」と断定の文末表現を使っています。つまり、(結論)です。

> 順接の接続詞「だから」がくれば、この段落が結論ってことがわかりますね！

> そう。以上のことから、この文章は「序論→結論→本論→結論」のパターンであることが確認できます。

答え合わせしてみよう！

> リレーションシップ・マーケティングとは、「1回のお客様にいかにして一生のお客様になっていただくか」を考えることで、そのコツは「あなたが一番」と「あなたは特別」にある。お客様から見て「(この会社やサービスが) 主観的に一番」と思ってもらえたら、一生付き合ってもらえる。また人を名前で呼ぶように心がけることで、「あなたは特別」の第一歩をつくり出せる。それは従業員に対しても同様だ。

「通読力」をチェック!

いかがでしたか? 長文読解のコツが、
身についてきましたか。
自分にはどのくらい「通読力」があるのか、
ここでチェックしてみましょう。

- ☐ 難しい文章には線を引き、気づいたことをメモしながら読める
- ☐ 序論・本論・結論など文章の構成が分かる
- ☐ 対立している文章(言葉)を探せる
- ☐ 並立している文章(言葉)を探せる
- ☐ 譲歩とはどういう書き方か説明できる
- ☐ 次にどんな文章がくるか予測できる
- ☐ 要約の手順が分かる
- ☐ 文章を図表化することができる

4章

「熟読」ドリル

情報を掘り下げ、論理的思考力を高める!

熟読は、自分の知りたい個所について、
参考文献や関連書籍などを参照しながら、
理解できるまで徹底して読み込んでいく読み方です。
ある個所に限定し、徹底的に読み込むことで、
論理的思考力を飛躍的に高めることができます。
本章では、「What」「Why」「How」の視点をもつ、
「関連づけ」をする、行間を読むなど、
熟読する際に役立つ考え方を取り入れながら、
物事をより広く深く見る能力を高めていきます。

STEP 1

熟読とは何か？

気になる個所が出てきたら他の本などを参照しながら、深掘りしていく熟読。
そのためには、日頃から疑問に思うことをそのままにせずに
調べる、考えるクセをつけることが大切です。

問題 さっそく、やってみよう！

次の文章を読み、「人口動態の変化」について、あなただったらどんなことに疑問をもちますか？　考えてください。

　未来のことは、誰にも分かりません。
　しかし、唯一、かなり正確に予測できることがあります。それが、人口動態の変化です。人口ピラミッドを見れば、将来の状況がかなり高い確率で予測できます。少なくとも、経済情勢、社会情勢の未来を分析するよりは、高い精度で予測できるのです。
　2010年に日本国内で1年間に生まれた子供の数は約107万人ですが、19年後、今年の0歳児が成人式を迎えるとき、移民を受け入れない限りは、最大でも107万人。それ以上になることはあり得ません。
　このことは、ドラッカーも次のように述べています。
―人口構造だけが未来に関する唯一の予測可能な事象だからである―（『マネジメント[エッセンシャル版]』26ページ）
　また、こうも言っています。
―市場動向のうち、もっとも重要なものが人口構造の変化である。だが、これについて注意を払っている企業はほとんどない（26ページ）
『ドラッカーが「マネジメント」でいちばん伝えたかったこと』（ダイヤモンド社）

解説 「なぜ？」と思う箇所が熟読ポイント

「人口動態の数字に注意を払うことは、未来を予測することにつながる」これが本文の主旨。疑問に思うことは出てきましたか？

解答 答え合わせしてみよう！

> 少子高齢化がクローズアップされているけど、この文章とどう関係があるのだろう？

> 19年後、65歳以上の高齢者は何人くらいになるだろう？

　まさに、**疑問に思う個所が熟読すべきところ**です。詳しい解説は次ページに譲りますが、熟読とは、自分の知りたい個所について、参考文献や専門書などを参照しながら、徹底して読み込む読み方です。

　たとえば、ネットなどで統計データを調べてみましょう。2010年時点で、65歳以上の高齢者が総人口に占める割合は23.1％。数年以内に25％以上になる予測なので、日本の人口の4分の1は高齢者になります。1990年は6人に1人で高齢者を支えましたが、2020年には2.5人に1人で支えることになります。

　ここから、考えられることはたくさんあるでしょう。企業から見ると、お客さまが高齢化すれば衣食住に求められる商品やサービスも変化するので、それにともない対応する必要があります。当然、従業員も高齢化するので、労働時間や労働環境も見直さなければなりません。

STEP 2
単に時間をかける読み方ではない

熟読する場合、1冊全部を読む必要はありません。
自分の知りたい個所について徹底して読み込む読み方なのです。

情報を「自分のもの」にするまで読む

関心が高い部分を、
本質が分かるまで読み込む

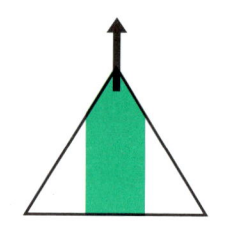

　熟読するのに効果的なのは、高い論理的思考力を必要とする本や、一読しただけでは内容を理解するのが難しい論文です。
　これらの文章を、**注釈まで丁寧に読んだり、参考文献や関連書籍を読んだり、法律書なら法律の条文や判例集などをも参照しながら読む**ことで、ある事柄に関してかなり専門的な知識が身につき、深く掘り下げて考えることができるようになります。
　前章の通読で、知りたいこと、興味がある個所が出てきたら、メモをする、線を引くなどして頭の中で**整理しながら読もう**というお話をしたと思いますが、熟読ではそこからもう一歩踏み込み、**「完全に自分のもの」**になるまで読み込んでいきます。

「完全に自分のもの」になるって、どういう意味ですか？

　書いてあることを著者と同じレベルで理解することです。そこまでいかなくとも、少なくとも自分の言葉で完全に説明できるレベルです。
　徹底して読むと、著者の言わんとすることが理解できるようになります。そして、それが自分のものとなっているわけですから、**自分の言葉で説明できるよう**になっているはずです。
　熟読の訓練を繰り返すことで、物事のとらえ方、考え方に広がりと深みが生まれます。すると、まったく違う分野だと思っていた事柄同士に関連性を見出せるようになるのです。こうしたことを繰り返すと、論理レベルは確実に上がります。

通勤電車内や待ち時間にさっと読める感じではないですね。

　その通りです。**時間のあるときに、机の上で、関連書籍を広げたり、パソコンなどで調べながら腰を据えて読むのが熟読**です。

仕事に直結する分野から熟読しよう

　熟読は、自分の仕事に直結する分野からトライすることをおすすめします。例えば、私は経済学なら、**J.Eスティグリッツ**の書いた『**入門経済学**』をおすすめしていますが、どんなジャンルでも、その分野の第一人者が書いたと言われる本が必ずあります。そういう人の本を読んで、深掘りしたい個所が出てきたら、時間に余裕のある休日などに熟読してください。すると、掘り下げ方によっては「これに関しては、誰にも負けない」と言えるほど、専門家並みに詳しくなることがあるのです。それは、即、仕事にも活かせます。

STEP 3
What、Why、Howで理解を深めよう

What（何?）やWhy（なぜ?）、
場合によっては「How」（どうやって?）に気づき、調べることによって、
より深い知識を得ることができます。

問題　さっそく、やってみよう！

次の一文から「What」「Why」「How」を考え、「なぜ関連が深いか」その理由を答えてください。

GDPは私たちの給与と非常に関連が深い。

解説　「へえ」で終わりにしない

本書の「はじめに」でも、少しだけGDPに触れています。その文章（7ページ）をもう一度読んでみてください。

さて、この一文を読んで「へえ」で終わりにせず、「そもそもGDPって何？」「なぜ給与と関連が深いの？」など、さまざまな「What」「Why」「How」が生まれて、初めて思考の深掘りがスタートします。例えばこんな感じです。

解答　答え合わせしてみよう！

（What） GDPって何だろう？
→国内総生産。国内で生み出された付加価値の総額

(**What**) 付加価値って何だろう？
　→「付加価値＝売上高－仕入れ」

(**What**) 付加価値として受け取った対価の使い道は？
→税金の支払い、次の生産のための投資、余剰金としての貯蓄、株主への配当、従業員への給与の支払い＝人件費

(**What**) このうち、最も高い割合を占めているのは？
　→人件費（人件費＝給与）

(**Why**) GDPと給与は、なぜ関係があるのだろう？
→付加価値に占める人件費の割合を「労働分配率」というが、労働分配率が一定だとすると、「働く人1人当たりの付加価値額が上がらないと、給与が上がらない」ことになる

結論　働く人1人当たりの付加価値額、つまり、1人当たりのGDPが上がらないと給与も上がらない。

常に「なぜ」「どうして」の視点をもつ

　例えば、「山田さんは学校へ行った」という一文でも、「そもそも、学校とは小学校、中学校、高校、大学のどれを指しているの？」「山田さんの年齢はいくつ？」など、いくつもの「What」や「Why」が浮かぶものです。**この「何？」や「なぜ？」を追求しながら読むことが熟読の醍醐味であり、物事を深く理解することにつながります。**

もっと「Why」!
仕事でも、常に掘り下げる訓練をしよう

　専門書を熟読するときだけでなく、日々の業務においても、「Why」を掘り下げる姿勢がある人は、物事を深く理解する力が身につきます。
　良いアウトプットのためにも、「Why」の習慣をつけましょう。

> 今、ぱっと思いつく「Why」はないのですが……。

> 難しく考える必要はないんですよ。例えば、「自社の重点商品の売り上げが減少傾向だ」とします。単純に「どうしてだろう？」と思いませんか。それが、「Why」なのです。

　仮に、その重点商品の売り上げが減少したのは、お客さまから寄せられた声などを分析した結果、一部の人に「使い勝手が悪い」と感じる個所があったとします。

> ならば、その使い勝手の悪い部分を改良すれば良いんですね。

> 分かりませんよ。改良すれば済む話ではないかもしれません。「なぜ、使い勝手が悪いのか？」に対するWhyは、様々な可能性を考えるべきです。簡単ですが、図にするとこんな感じです。

「Why」を中心に掘り下げる

```
┌─────────────────────────┐
│ 重点製品の売上げが減少傾向である │
└─────────────────────────┘
            ↓ Why
┌─────────────────┐  How  ┌─────────────────┐
│  使い勝手が悪い    │  ⇒   │  製品改良が必要    │
└─────────────────┘       └─────────────────┘
            ↓ Why
┌─────────────────┐  How  ┌─────────────────┐
│ 取扱説明書が分かりにくい │  ⇒   │ 取扱説明書の手直しが必要 │
└─────────────────┘       └─────────────────┘
```

　自社商品の売り上げが伸び悩んでいるのは、「商品の改良が必要」な可能性もありますが、もしかしたら、「実は、取扱説明書が分かりにくい→取扱説明書の手直しが必要」というまったく別な要素があるかもしれません。確かなことはもう少し情報がないと分かりませんが、要は、少なくとも自分の会社や仕事については、日頃から「Why」を見つけようとすることが大切です。

> 「今日は上司の機嫌が悪そうだ。なんでだろう？」　これも「Why」と考えていいんですか？

> もちろんです。万が一、あなたのせいで機嫌が悪いこともあるかもしれませんから。提出期限のモノを未だに出していないとか。

> あ……。

STEP 4 「関連づけ」する

ある現象を他のことと関連づけることで、広く物事を知ることができます。
「牛丼が安い」という一文から日本経済の情勢が分かるんですよ。

問題 さっそく、やってみよう！

次の文章を読んで、「牛丼の値下げ競争」から何が関連づけられるか考えてみてください。

　お客さまの視点で会社を分析する場合によく使うのが、「QPS」です。QPSとは、
「Q」…品質（Quality）
「P」…価格（Price）
「S」…サービス・その他の要素（Service）
のこと。それぞれの頭文字をとって名づけられています。
　お客さまは、このQPSの組み合わせを見て、どの会社の商品・サービスを選ぶかを決めていますが、どの組み合わせがいいかは社会情勢の変化やお客さまの懐具合によって刻一刻と変わります。不況になって給与が下がれば、お客さまは同じクオリティ、同じサービスを求めつつも価格は下げてほしいと思うものです。
　代表例として挙げられるのが、牛丼の値下げ競争ですね。これはQPSの組み合わせのなかでも、特にP（価格）を下げてほしいというお客さまの欲求に対して各社が反応した結果です。

『コンサルタントの仕事力』（朝日新書）

> **解説** 身近なところから関連づける

みなさんは、「牛丼の値下げ競争」から、何を関連づけますか？「牛丼以外に価格が下がっている商品はないか？」などと考えてみることが「関連づけ」の第一歩です。

大手スーパーなどのお弁当売場もそうですね。今はワンコインは当たり前。300円台で購入できるものもたくさんあります。大手スーパーのお弁当は、牛丼各社の動向に左右されている可能性があります。それは、マクドナルドも同じです。こんなふうに、身近なところから「関連づけ」してみてください。

> **解答** 答え合わせしてみよう！

- 牛丼以外で安くなった商品はないだろうか？
  - →大手スーパーのお弁当の価格が軒並み下がった…など
- なんで「激安」がクローズアップされるようになった？
  - →競合の多い業界は価格競争に陥りやすいから
  - →不況になるほどモノが売れなくなり、モノが売れなくなるほど少しでも売ろうとして激安の方向に流れやすいから…など
- なぜ「激安」を実現できたのか？
- →海外生産や大量生産・販売によりコストの低減を図った…など

もっと多くのことを関連づけるために

自分の知っていることだけを関連づけるのでは不十分。なぜなら、それでは現在の自分の知識や論理的思考力の範囲を超えられないからです。だからこそ熟読を活用し、参考文献などを丁寧に読み、**関連づけられることを増やす**ことが大切なのです。

STEP 5 「行間」を読む

「行間を読む」とは、文章中に書かれていないことを読み取ることですが、さらに深い意味を読み取れることもできます。

問題　さっそく、やってみよう！

> 次の文章を読んで、「5日までに」の意味を考えてください。
>
> 　5日までに書類を提出してください。

解説　書いていないことを読み取る

　ここで読み取れるのは、「**4日までは書類を提出しなくてもいい**」ということです。「5日までに提出する」の背後にある「4日までは提出しなくてもいい」というところまで分かる。これが、文章に書かれていないことまで読み取る「**行間を読む**」に該当します。

　さらに深く読み取って、相手がこちらのスケジュールなどに配慮して「5日まででいい」と言ってくれているのか、それとも相手の都合で「4日までに提出されても困る」のかも推測できれば最高ですね。前者なら、ひょっとしたら早く提出してあげたほうが喜ばれるかもしれませんし、後者ならぎりぎりで出すほうが良いかもしれませんが、この例題の文章からだけでは、残念ながら分かりません。

論理レベルの高い人ほど、行間が読める

　「行間を読む」は細かく分けると、次の2つの意味があります。

❶ **文章中から論理的に読み取れることを読む**
❷ **書き手が意図的に省いたことを推測して読む**

❶は、先に問題として出題した「5日までに書類を提出してください」の話と同じです。❷は❶に比べ高度。文章中に一切書かれていないことを、推測を交えながら読み取らなければならないからです。

❷の読み方にうってつけなのが、第一人者の書いた入門書です。

入門書は、初心者が理解できるように、複雑な個所は極力カットされていますから、書き手があえて活字にしていないことが、実はたくさんあるのです。そこに目を向け、「実はこの個所であの話をしたかったんじゃないか」などと、書き手の意を汲みながら推測しようすることで、読む力がつきます。

入門書→専門書→入門書の順で読もう

そこで、❷の「行間を読む」コツをご紹介しましょう。

まずは、ある分野に関して第一人者の書いた**入門書**をひと通り読んでください。**通読**です。ここで、基本的な構造を理解したら、次は、**専門書**を読んでみます。できれば、**熟読**してください。本当のレベルの高い人が書いた専門書は熟読しないと分からないものです。そして、**専門書を読んだあと、さらに高度なものを読むのではなく、また入門書に戻って読み返してみる**のです。

すると、その入門書で、著者が本当は言いたいけれど初心者向けだからわざと書かなかったところまで見えてきます。つまり、「行間が読める」ようになっているのです。

また、入門書→専門書→入門書の順番で読むと、熟読で理解したことが、本当に理解できたか復習できるというメリットもあります。

STEP 6
「引き出し」を活用する

文章を読むとき、その分野についての知識や情報などの"引き出し"を
たくさんもっているほど、より深く理解できます。

問題　さっそく、やってみよう！

> 次の一文を読んで、なぜ「オマハの賢人」なのか考えてみましょう。
>
> 　ウォーレン・バフェットは「オマハの賢人」と呼ばれている。

解説　知識があれば、理解できる

　この一文を読んだだけでは、何のことかさっぱり分からないかもしれません。でも、もし、あなたが、ウォーレン・バフェットという人物に対して、次のような知識や情報をもっていたとしたらどうでしょう。
「世界最大級の投資会社の経営者で世界有数の資産家」
「世界有数の慈善家で稼いだお金の大部分を寄付している」
「地位や名誉にたいしたこだわりをもっていない」
「国や人のために高い志をもっている」
「アメリカのネブラスカ州オマハというところの中流階級の住宅に住み続けていることから『オマハの賢人』と呼ばれている」
　すると、彼が「オマハの賢人」と呼ばれている理由もわかるでしょう。

> **解答** 答え合わせしてみよう！

> ウォーレン・バフェットは、世界有数の資産家だが、地位や財産、名誉にたいしたこだわりをもたず、国のため、人のために生きるという高い志をもち、それを実践している人物ゆえに、「オマハの賢人」と呼ばれている。

引き出しを増やして理解の幅を広げよう

　知識や情報などの引き出しがあれば見えてくることはたくさんあります。例えば、こんな一文もそうですね。「**円高の進行によって、東京株式市場は大幅安になった**」。

> なぜ、株式市場が大幅に安くなるのでしょう？

「円高」「株式」の知識のある人は、次のようなことが分かります。
「企業の利益が減少すると株価は下がる」
「東京株式市場に上場している企業は輸出関連企業が多い」
「円高は輸出関連企業の売り上げ・利益を減少させる」
　ゆえに、上記の一文には合点がいくわけです。

> 円高と株安の関係なんて、新聞でいちいち解説しませんよね。

> そうですね。だからこそ、日頃から引き出しを増やしておく必要があるのです。

STEP 7

「複雑な文章」を読む

法令や契約書、学術論文などの難解な文章を読むときは、主語と述語を意識しながら考えると理解しやすくなります。

問題 さっそく、やってみよう!

次の文章は、日本国憲法の前文です。主語と述語に分解して読んでみましょう。

　日本国民は、正当に選挙された国会における代表者を通じて行動し、われらとわれらの子孫のために、諸国民との協和による成果と、わが国全土にわたって自由のもたらす恵沢を確保し、政府の行為によって再び戦争の惨禍が起こることのないようにすることを決意し、ここに主権が国民に存することを宣言し、この憲法を確定する。

解説 主語と述語をチェックする

　複雑な構造の文章は、主語と述語を明確にすると読みやすくなります。主語は「日本国民は」の１つだけ。「行動し」「確保し」「決意し」「宣言し」の４つを受けて「確定する」が述語です。

> **解答** 答え合わせしてみよう！

> 日本国民は（**主語**）、
> ・正当に選挙された国会における代表者を通じて行動し（**述語1**）、
> ・われらとわれらの子孫のために、諸国民との協和による成果と、わが国全土にわたって自由のもたらす恵沢を確保し（**述語2**）、
> ・政府の行為によって再び戦争の惨禍が起こることのないようにすることを決意し（**述語3**）、
> ・ここに主権が国民に存することを宣言し（**述語4**）、
> 　（述語1～4を踏まえて）この憲法を確定する。

　1行目の「正当に選挙された国会における代表者を通じて行動し」は、**選挙と国会議員による間接民主制の正当性を言及**しています。2・3行目の「諸国民との協和による成果と、わが国全土にわたって自由のもたらす恵沢を確保し」からは、**確保するものとして「成果」と「恵沢」を挙げて**います。3行目の最後から4行目の「政府の行為によって再び戦争の惨禍が起こることのないようにすることを決意し」は、**戦争を起こさないことを決意**しています。5行目の「ここに主権が国民に存することを宣言し」で、**国民主権を宣言**しています。そして最後に、今までの4つを踏まえ、「この憲法を確定する」と述べています（余談ですが、私は格調の高いこの憲法前文がとても好きです。ここに掲げてあるのは一部ですが、機会があればぜひすべてを読んでみてください）。

STEP 8

先入観や思い込みに注意する

以下の条文は、短くてサラリと読めるうえ、比較的身近なことを規定しています。
しかし、だからこそ先入観や思い込みによって
間違った解釈を生む可能性も高いと言えるのです。

問題 さっそく、やってみよう！

次の労働基準法の条文をよく読み、（1）（2）の文章で正しいものには○、誤っているものには×をつけてください。

・第3条　使用者は、労働者の国籍、信条又は社会的身分を理由として、賃金、労働時間その他の労働条件について、差別的取扱いをしてはならない。
・第4条　使用者は、労働者が女性であることを理由として、賃金について、男性と差別的取扱いをしてはならない。

（1）使用者は、労働者の社会的身分を理由として、賃金について差別的取扱いをしてはならない。
（2）使用者は、女性であることを理由として、労働時間その他の労働条件について、男性と差別的取扱いをしてはならない。

解説 すべての差別的取扱いを禁止している？

（1）は、第3条を抜粋してまとめたものですから、解答は容易です。答えは、○です。

問題は（2）です。（2）は、「女性であることを理由として」「男性と差別的取扱いをしてはならない」の部分に着目した人は、○と答えたかもしれません。しかし、実は×が正解です。

　なぜでしょうか。

すべてを禁止していると「思い込んで」しまう

　第3条を見ると、「労働者の国籍、信条又は社会的身分を理由として」「賃金、労働時間その他の労働条件について」差別的取扱いはしてはならないとなっています。

> 差別的取扱いをしてはいけない、ということですよね。だったら、女性を差別してもいけないのでは……。

> そこが思い込みなんです。

　第4条を見ると、「女性であることを理由として……差別的取扱いをしてはならない」と性別を理由にさまざまなことを禁止しているんだなと思った人も多いと思います。しかし、よくよく読むと、**「女性であることを理由として」禁止しているのは「賃金について」だけ**です。つまり、第3条も第4条も、「労働時間その他の労働条件について」は「女性であることを理由」に禁止しているわけではないのです。

答え合わせしてみよう！

　（1）○　　（2）×

この条文を読むと、男女について差別的取扱いを認めていることになるので、男女平等の観点から疑問に思う人がいるかもしれません。しかし労働基準法では、女性は生理的弱者であり、母性保護などの観点から、一定の有害業務の就業制限、産前産後の就業制限、生理休暇などを認めており、平等の扱いにはなっていません。

　興味をもった人は法令集やＷＥＢ上のデータベースで労働基準法の条文を確認してください。熟読のいい訓練になります。

難解な条文を読む

　このように法律の条文には、難解なものもあります。
　たとえば、会社法第2条には、この法律に出てくる用語の定義があります。その26には「組織変更」という項がありますが、そこにはこのように書かれています。

> 次のイ又はロに掲げる会社がその組織を変更することにより当該イ又はロに定める会社になることをいう。
> 　イ　株式会社　　合名会社、合資会社又は合同会社
> 　ロ　合名会社、合資会社又は合同会社　　株式会社

　結構難解ですね。法律には独特の言い回しがあって、なかなか素人には分からないものもあります（この問題は、難解なので、分からなくても気にしないでください。単に難解なもののサンプルとして出しただけです）。

もっと「難解」！
月例経済報告を読んでみよう

　ここでは、一見、難解に見える、内閣府が毎月発表する月例経済報告に何が書いてあるか読んでみましょう。コツをつかんでしまえばたいしたことはありません。

2月と3月、どう変わったか？
　次の文は、平成24年2月と3月の月例経済報告です。2月から3月にかけどう変わったか、その違いを読み取ってください。

平成24年2月月例経済報告（我が国経済の基調判断）

　景気は、東日本大震災の影響により依然として厳しい状況にあるなかで、緩やかに持ち直している。
・生産は、緩やかに持ち直している。輸出は、このところ弱含んでいる。
・企業収益は、減少している。設備投資は、下げ止まりつつあるものの、このところ弱い動きもみられる。
・企業の業況判断は、大企業製造業で低下しており、全体としても小幅改善となっている。先行きについても、全体として慎重な見方となっている。
・雇用情勢は、持ち直しの動きもみられるものの、東日本大震災の影響もあり依然として厳しい。
・個人消費は、このところ底堅い動きとなっている。
・物価の動向を総合してみると、緩やかなデフレ状況にある。
　先行きについては、各種の政策効果などを背景に、景気の緩やかな持ち直し傾向が続くことが期待される。ただし、欧州の政府債務危機が、金融システムに対する懸念につながっていることや金融資本市場に影響を及ぼしていること等により、海外景気が下振れし、我が国の景気が下押しされるリスクが存在する。また、電力供給の制約や原子力災害の影響、さらに

は、デフレの影響、雇用情勢の悪化懸念が依然残っていることにも注意が必要である。

平成24年3月月例経済報告（我が国経済の基調判断）

　景気は、東日本大震災の影響により依然として厳しい状況にあるなかで、緩やかに持ち直している。
・生産は、緩やかに持ち直している。輸出は、このところ弱含んでいる。
・企業収益は、減少している。設備投資は、このところ持ち直しの動きがみられる。
・企業の業況判断は、大企業製造業で低下しており、全体としても小幅改善となっている。先行きについても、全体として慎重な見方となっている。
・雇用情勢は、持ち直しの動きもみられるものの、東日本大震災の影響もあり依然として厳しい。
・個人消費は、底堅く推移している。
・物価の動向を総合してみると、緩やかなデフレ状況にある。

　先行きについては、各種の政策効果などを背景に、景気の持ち直し傾向が確かなものとなることが期待される。ただし、欧州政府債務危機の影響や原油価格の上昇、これらを背景とした海外景気の下振れ等によって、我が国の景気が下押しされるリスクが存在する。また、電力供給の制約や原子力災害の影響、さらには、デフレの影響、雇用情勢の悪化懸念が依然残っていることにも注意が必要である。

『内閣府』

図表を使って比較する

これだけ読んでも、2月と3月で何がどう変わったか、すぐに分かる人は少ないのではないでしょうか。こういう場合、2カ月分の報告を図表などを使って比較することで、両者の違いが明確になります。実際、内閣府が公表している月例経済報告も次のように2カ月分を比較しています。

	基調判断
2月月例	景気は、東日本大震災の影響により依然として厳しい状況にあるなかで、緩やかに持ち直している。 ・生産は、緩やかに持ち直している。輸出は、このところ弱含んでいる。 ・企業収益は、減少している。設備投資は、<u>下げ止まりつつあるものの、このところ弱い動きもみられる</u>。 ・企業の業況判断は、大企業製造業で低下しており、全体としても小幅改善となっている。先行きについても、全体として慎重な見方となっている。 ・雇用情勢は、持ち直しの動きもみられるものの、東日本大震災の影響もあり依然として厳しい。 ・個人消費は、<u>このところ底堅い動き</u>となっている。 ・物価の動向を総合してみると、緩やかなデフレ状況にある。 先行きについては、各種の政策効果などを背景に、景気の<u>緩やかな持ち直し傾向が続く</u>ことが期待される。ただし、欧州の政府債務危機が、<u>金融システムに対する懸念につながっていることや金融資本市場に影響を及ぼしていること</u>等により、海外景気が下振れし、我が国の景気が下押しされるリスクが存在する。また、電力供給の制約や原子力災害の影響、さらには、デフレの影響、雇用情勢の悪化懸念が依然残っていることにも注意が必要である。

<table>
<tr><td>3月月例</td><td>

景気は、東日本大震災の影響により依然として厳しい状況にあるなかで、緩やかに持ち直している。
- 生産は、緩やかに持ち直している。輸出は、このところ弱含んでいる。
- 企業収益は、減少している。設備投資は、このところ<u>持ち直しの動き</u>がみられる。
- 企業の業況判断は、大企業製造業で低下しており、全体としても小幅改善となっている。先行きについても、全体として慎重な見方となっている。
- 雇用情勢は、持ち直しの動きもみられるものの、東日本大震災の影響もあり依然として厳しい。
- 個人消費は、<u>底堅く推移している。</u>
- 物価の動向を総合してみると、緩やかなデフレ状況にある。

先行きについては、各種の政策効果などを背景に、景気の持ち直し傾向が<u>確かなものとなる</u>ことが期待される。ただし、欧州政府債務危機の影響や<u>原油価格の上昇</u>、これらを背景とした海外景気の下振れ等によって、我が国の景気が下押しされるリスクが存在する。また、電力供給の制約や原子力災害の影響、さらには、デフレの影響、雇用情勢の悪化懸念が依然残っていることにも注意が必要である。

</td></tr>
</table>

『内閣府』

それぞれの月の下線部は、2月から3月にかけて変更になった箇所です。そのうちの1つ「企業収益は〜」部分を比べてみます。

2月：企業収益は、減少している。設備投資は、下げ止まりつつあるものの、このところ弱い動きもみられる。

3月：企業収益は、減少している。設備投資は、このところ持ち直しの動きがみられる。

　設備投資について、2月は、「下げ止まりつつあるものの、このところ弱い動きもみられる」とあり、今後、さらに下がるのか、現状維持なのかははっきりしないことを示唆しています。しかし、3月を見ると、はっきりと「持ち直しの動きがみられる」とあります。設備投資に関しては、**2月より3月の状況が良い**ことが分かります。

　また、どちらの月も「企業収益は、減少している」という一文はそのまま残っています。まったく同じ文章がそのまま残っているということは、その個所の「状況あるいは傾向は変わっていない」ことを意味しています。**「線を引いてない個所は状況が変わっていない」**という認識で文章を読むと、かなり整理しやすくなるはずです。

　ちなみに、月例経済報告には、「公共投資」や「貿易・サービス収支」などの2カ月を比較した表も掲載されています。政府が景気をどのように判断しているか、その変化がよく分かります。

	2月月例	3月月例
個人消費	このところ底堅い動きとなっている。	底堅く推移している。
設備投資	下げ止まりつつあるものの、このところ弱い動きもみられる。	このところ持ち直しの動きがみられる。
公共投資	平成23年度補正予算の効果もあり、底堅い動きとなっている。	堅調に推移している。
貿易・サービス収支	貿易・サービス収支は、赤字傾向で推移している。	貿易・サービス収支の赤字は、増加している。
倒産件数	緩やかに減少している。	おおむね横ばいとなっている。
国内企業物価	緩やかに下落している。	このところ横ばいとなっている。

（注）下線部は先月から変更した部分。　　　　　　　　　　　　『内閣府』

STEP 9
「自分のものさし」で読む

ここまで読み進んできた皆さんの読解力はかなり高まっているでしょう。
ここからは、単に読むだけでなく、
「自分の基準」ということを考えながら、読む力を考えていきたいと思います。

あなたには「自分の基準」がありますか？

　ビジネスにおいても、人生哲学においても、自分の「ものさし」（価値観や根本的な基準）をもつことがとても大切です。

　例えば私は、企業経営を発展させるために重要なのは、「お客さま第一」だと思っています。これは私の「ものさし」です。 ビジネス書を読むときは、それに照らし合わせながら読んでいます。

> その本が、「お客さま第一」が根底に流れているかをチェックしながら読んでいるということですか？

　そうです。以前、ある有名企業の経営者が書いた本の中で、「企業の目的は利益を出すこと」という一文を見つけ、違和感を覚えました。そもそも、企業が存在しているのは、商品やサービスを買ってくれるお客さまがいるからです。お客さまがいなければ会社はつぶれてしまうので、本来なら、「企業の目的」は「お客さまに喜ばれる商品やサービスを提供すること」にすべきなのに、その本では「利益を出すこと」と言い切っていたのです。私にとっては、利益は良い仕事をした結果なので、「目標」ではあっても存在意義という意味である「目的」ではありません。

> 自分のものさしがあれば、"引っかかり"も出てくるんですね！

そうなんです。**ものさし（基準）がなければ、引っかかることもないまま、そこに書かれていることが良いのか、悪いのかよく分からないまま読み終えてしまう**ことになりかねません。

論語など長年読み継がれた本は「重読」で

　自分なりのものさしをもつためには、多くの人に読み継がれている、名著を読むことです。

　例えば、『**論語**』。2500年も前に書かれた本です。これほど長い間、読み継がれているのは、そこに人生や人との接し方の原理原則が数多く含まれているからです。長い間読み継がれた本という意味では、**聖書や仏教聖典、ソクラテス**の本を読んでも良いですね。

　あるいは、稀代の名経営者として名高い、**松下幸之助**さんや、**稲盛和夫**さん、**安岡正篤**先生など、偉大な経営者や哲学者の本を読むのもおすすめします。こうしたロングセラーになっている本は世間で支持され続けている本ですから、正しいビジネスの考え方が身につくと思います。**ピーター・ドラッカー**の本もそうですね。

　これらの本は、折に触れて読み返してください。**同じ本を何度も読むことを私は、「重読」と呼んでいます**が、正しい価値観を身につけるために読む本は、重読しなければ自分のものになりません。私は、松下幸之助さんの『**道をひらく**』という本を座右の書にしていますが、もう100回以上は読んでいます。

もっと「名著」！ 『論語』をビジネスに活用する

『論語』は、孔子が、リーダーとしていかに生きるべきか、実践の中から見出したことを書いているので非常に実用的です。

「利」を追うのがなぜまずいのか？

『論語』では、「義」と「利」について、こんなふうに述べています。

> 君子は義に喩り、小人は利に喩る
> （立派な人は、正しい道に合うかどうかを基準に考え、品性が卑しい人は、どうすれば利益を得られるかを基準に考える）

同じような意味で、次のような言葉もあります。

> 利によって行えば、怨み多し
> （自分の利益のためだけに行動すれば恨みを買うだろう）

「義」は、人としての正しい行いを、「利」は、自分の利益や、自分にとって都合の良いもの、欲しいものを意味します。
「先義後利」という言葉はご存じですか？ 文字通り、正しい行いを優先させれば、利益は後からついてくるという意味ですが、何をさておいても「義」を優先させる考えが非常に重要です。

> 「利」を追う会社は、失敗するということですか？

そうです。私は経営コンサルタントという仕事柄、失敗した経営者もたくさん見てきました。その大半が「利」を追って失敗しています。お客さまにとって、その会社や経営者の私利私欲なんてどうでもいい話ですよね。

どうでもいいことを追いかけている会社は、お客さまに見放され、いずれ潰れてしまうのです。会社の正しい姿勢は、「義（＝お客さまの喜ぶこと）」を追い求め、結果、「利」を得ることです。まさに「先義後利」なんです。

1日に、何度も自分を省みよう

もう1つ、今日からでも始められることをお伝えしておきます。

> われ日に三たびわが身を省みる。
> （1日に何度も自分を省みて、自分の行いで良くなかったことは省いていく）

人は、うまくいっているときは、うまくいっているがゆえに省みることを忘れ、うまくいかなかったときは、相手のせいだと責任転嫁してしまう面があります。

> 過ちて改めざる、是を過ちと謂う。
> （過ちを改めない、これこそ過ちというものだ）

孔子は、間違ったときに非を認めない人こそ過ちだと説いています。間違いや失敗は誰にでもあるもの。それを認めなければ進歩しません。大切なのは、過ちを素直に認める姿勢なのです。

STEP 10

書かれていることを疑おう

熟読するときは、「自分だったらどう思うか／どうするか」と、
主観を交えて読むことも大切です。
それが、さまざまなことを関連づけるきっかけになり、思考の深掘りにつながるからです。

自分だったらどうするか？

　先に述べたように、まずは客観的に事実を把握するということが大切です。その段階をクリアしたら**「自分だったらどうするか？」と主観を交えて読むとともに、文章に書かれていることが「100％正しいとは限らない」という視点で読む**ことも必要です。例えば、新聞の社説は、同じテーマの文章でも、書き手の主観により180度異なる見解になることはよくあります。これは、さまざまなものの見方があることを知るうえで、大変勉強になります。

　ここでは、毎日新聞と読売新聞の「この夏の節電対策」についての社説を掲載します。

毎日新聞 2012年05月19日　夏の節電対策　脱原発社会への一歩へ

　政府が、この夏の電力需給対策を決めた。国内の原発50基が、まったく稼働しないことを前提に、沖縄県を除く全国で節電を求める。

　電力不足は、国民生活や経済活動に制約を課す。原発再稼働にこだわり、後手に回った政府の責任は重い。地域独占の恩恵を受けながら、供給責任を全うできない電力会社にも反省を求めたい。

　もっとも、省エネ・節電は、原発依存からの脱却を進めるためにも欠かせない。官民が本腰を入れてこの夏を乗り切り、将来の「脱原発社会」につなげる必要がある。

政府は、供給余力が比較的大きい東北、東京を除く7電力の管内には節電の数値目標も設定した。中でも需給が厳しい関西、九州、北海道、四国の4社は計画停電も準備する。
　東電福島第1原発の事故から1年2カ月がたった。この間、国内の全原発が止まり、電力不足が起きる事態は、想定されていた。
　ところが政府は、ぎりぎりまで需給関係をつかみ切れず、結局、国民に我慢を強いることになった。
　電力会社は原発事故後も「オール電化」を推進するなど、原発再稼働ありきの発想を転換できず、節電を促す努力を怠ってきた。
　この夏の電力不足は、そうした怠慢のツケともいえるが、「原発ゼロ」に向けた取り組みの出発点として前向きに考えたい。
　昨夏は、東電管内で計画停電が実施され、家庭や企業を混乱させた。その反省を踏まえ、まず、停電回避に努める必要がある。

読売新聞 2012年05月16日　夏の電力対策　節電頼みでは綱渡りが続く

　これで夏の電力危機を防げるのか。綱渡りの毎日が続きそうだ。
　政府が今夏の節電対策案を発表した。内容を詰めた上で、近く最終決定するという。
　対策案は、定期検査を終えた原子力発電所が再稼働せず、全50基が停止したまま猛暑となったケースを想定したものだ。
　関西電力に15％、九州電力は10％など7社管内に5〜15％の数値目標を設けて節電を要請する。
　関西、九州、北海道、四国の4電力には計画停電の準備を求める。電力不足が最も深刻な関電管内は今後、大規模な工場などに節電を義務づける電力使用制限令の発動も検討するという内容だ。
　電力需要の急増に供給が追いつかず、突発的な大停電が起きれば経済や

生活が大混乱する。場合によっては人命にもかかわろう。

企業も家庭も節電に励み、最悪の事態を回避したい。

しかし、政府の対応策が、供給力に少し余裕のある中部、中国、北陸、四国の4電力管内にも5％などの節電を求め、関電管内に電力を融通する仕組みを前提にしていることは疑問である。

融通側の4電力も、老朽化した火力発電所をフル稼働するなどギリギリで、発電所が故障で止まる可能性は通常より高いはずだ。融通分をあらかじめ関電の供給力に上乗せするリスクは大きい。

4社の融通を計算に入れないと関電の節電目標は15％から20％に上がる。その場合も想定し、対策を練り直す必要がある。

大幅な節電は、経済や生活にダメージを与える。

昨夏、電力制限が実施された東京電力と東北電力の管内では、企業が工場の操業を土日に移すなどの工夫をしたが、従業員への負担は大きかった。生産体制の縮小や、停電を懸念した海外移転の加速など様々な問題も顕在化した。

猛暑になれば、エアコンを我慢した高齢者の熱中症など、無理な節電の健康被害も心配だ。節電はあくまで「窮余の策」である。

福井県の大飯原発2基を再稼働すれば、関電管内の電力不足はほぼ解消する。

ところが、関電の大株主でもある大阪市の橋下徹市長は、再稼働反対の立場から「電力使用制限令を認識、経験するのも必要かな」などと述べた。電力不足の悪影響をあまりにも軽視している。

地元のおおい町議会が再稼働に同意するなど、打開への動きもある。政府は夏までの再稼働実現に向け、全力を挙げるべきだ。

このように、同じテーマであっても主張が大きく違う場合があります。これはどちらが正しいというよりも、価値観の違いです。
　このような問題については、自分自身の価値観をしっかりともつことが大切です。

毎日新聞	読売新聞
政府がこの夏の節電対策を発表	
国民生活や経済活動に制約を課す	経済や生活にダメージを与える
省エネ・節電は、原発依存からの脱却を進めるためにも欠かせない	原発再稼働実現に向け、全力を挙げるべきだ

検定問題③「熟読」①

最後は熟読です。「読む力」がどこまで伸びたか、ためしてみてください!

次の文章を読み、最後の【質問】に対する答えを考えてください。

下図は、2010年の世界各国のGDPを、ランキング上位国順に並べたものです。

2010年の世界各国のGDP（単位100万ドル）

順位	国名	GDP
1	米国	14.526.550
2	中国	5.951.394
3	日本	5.459.284
4	ドイツ	3.273.792
5	フランス	2.558.013
6	イギリス	2.261.713
7	ブラジル	2.143.035
8	イタリア	2.055.563
9	インド	1.678.297
10	カナダ	1.574.051
11	ロシア	1.517.503
12	スペイン	1.392.423

【質問1】緑の文字で示した国に共通している点は何だと思いますか？　そこから、何が見えてきますか。

> 解説

共通していることは何か？

　本書で何度もお伝えしてきたGDPは、その国の経済的な豊かさを表す大切な指標です。「関心をもつこと」は、読む力を磨くはじめの一歩ですが、こうした「GDPに関心をもち、そこからWhy、What、Howを掘り下げながらさまざまなことと関連づける」訓練があなたの論理レベルを引き上げます。さて、緑の文字で示した国は、何が共通していると思いますか？

　日頃から新聞やニュース、ビジネス関連の雑誌などを見ていれば、ピンときたと思いますよ。答えはこれです。

> 解答

答え合わせしてみよう！

> 昨年（2011年）末から今年（2012年）中に政権交代が行われた国、選挙が実施される国

　アメリカは11月に大統領選挙がありますし、中国は国家主席が交代する予定です。フランスは5月に大統領選が終わり、ロシアはプーチン大統領が復帰しました。昨年11月にはイタリアで新首相が誕生し、スペインでは政権交代がありました。

> そういえば……。そんなに多くの国の政権が変わったんですね。

　そう。しかも、GDPの上位国ばかりです。世界の政治の流れが変わりやすい年なので、経済の流れを把握するにはその動向にも注意しなければならないということになります。

検定問題④ 「熟読」②

続いて、もう一問考えてみてください。

GDPの上位を占めている欧州各国は、ユーロ危機が叫ばれるなか「緊縮財政」を掲げていましたが、5月のフランス大統領選で、反緊縮を掲げるオランド氏が当選したことで風向きが変わりつつあります。そこで質問です。

【質問2】緊縮財政とは、「財政の支出規模を縮小すること」という意味ですが、これに関して、どんなふうに考えますか？

危機的な状態なら、支出規模を縮小するのは当然だと思います。自分の家計だってピンチのときは出費を減らします。それと同じではないでしょうか。

そうですね。財政を緊縮しないと立て直せないのは至極当然の論理なのですが、そうなると、経済成長は鈍化します。2011年10～12月を見ると、欧州のGDPはどの国も成長がにぶくなっています。

欧州の国内総生産(実質年率、%)						
	2009年	2010年	2011年	2011年 4-6月	2011年 7-9月	2011年 10-12月
ユーロ圏	▲4.3	1.9	1.5	0.6	0.6	▲1.2
ドイツ	▲5.1	3.7	3.0	1.1	2.3	▲0.7
フランス	▲2.6	1.4	1.7	▲0.1	1.3	0.6
イタリア	▲5.5	1.8	0.5	1.2	▲0.7	▲2.6
英国	▲4.4	2.1	0.7	▲0.2	2.3	▲1.2

経済状況が悪くなると、どうなると思いますか？

> 仕事がなくなりますよね？

そうです。当然、失業率も上昇します。

一番端的なのはスペインです。スペインの2012年3月の失業率は約24％、若年層に限っては50％近くまで悪化しています。労働者の4分の1が失業しているなんて、通常では考えられない話です。この状態がさらに財政を悪化させ、金融を不安定化させるという悪循環に陥っています。欧州全体でスペインやギリシャの国全体の経済を建て直さなければ、根本的な解決にはならないという認識が必要だと思います。

ちなみに、日本の輸出先はアジアが56％を占めており、そのうち中国が2割近くに達しています。欧州は11％にすぎません。日本の輸出先としての欧州の比重はそれほど高くないので、**欧州経済の低迷が日本の輸出産業に直接影響を与える可能性はそれほど大きくない**と言えるでしょう。

ただし、日本の最大の輸出先である中国はどうかと言うと、輸出総額に占める欧州の比率は20％程度に達しています。**欧州経済が低迷すると、その影響が時間をおいて中国に及ぶ**可能性は小さくありません。米国も同様です。**その影響を受けて日本の輸出産業が失速する**可能性はあると言えるのです。

このように、ある一文、ある個所から様々なことを関連づけて、掘り下げる。これが、熟読の醍醐味です。仕事に関係ある事柄からでいいので、どんなことでもいいから、専門家レベルまで知識や情報を蓄え論理レベルを高めてください。

「熟読力」をチェック！

いかがでしたか？「文章を掘り下げていく」
とはどういうことか、分かりましたか。
自分にはどのくらい「熟読力」があるのか、
ここでチェックしてみましょう。

- ☐ 仕事に直結する分野の本にトライできる
- ☐ ちゃんと机に座り熟読、理解できるまで調べながら読める
- ☐ 「なぜ？」「どうして？」と考えながら読める
- ☐ 知っていることと「関連づけ」ながら読める
- ☐ 文章中に書かれていないことを読み取れる
- ☐ 難しい文章は主語と述語に分けて読む
- ☐ 多くの人に読み継がれている名著を読んだことがある
- ☐ 書かれていることを疑いながら読める

付録 「通読」「熟読」におすすめの10冊

「通読」「熟読」におすすめの書籍を、10冊ずつ選びました。
興味のある方は、ぜひ読んでみてください。

通読

1 『東大生が書いたやさしい経済の教科書』
（東京大学赤門economist著／インデックスコミュニケーションズ）
2 『史上最強の投資家バフェットの教訓』（メアリー・バフェット著／徳間書店）
3 『一回のお客を一生の顧客にする法』
（カール・スュエル、ポール・B・ブラウン著／ダイヤモンド社）
4 『商売の原点』（鈴木敏文著／講談社）
5 『どんな時代もサバイバルする会社の「社長力」養成講座』
（小宮一慶著／ディスカヴァー）
6 『ビジョナリー・カンパニー』（J・C・コリンズ著／日経BP社）
7 『稲森和夫の実学』（稲森和夫著／日経ビジネス人文庫）
8 『9つの性格』（鈴木秀子著／PHP文庫）
9 『リーダーシップ』（山内昌之著／新潮社）
10 『リーダーになる人に知っておいてほしいこと』（松下幸之助述／PHP研究所）

熟読

1 『ミクロ経済学入門』（奥野正寛著／日経文庫）
2 『経済論戦は甦る』（竹森俊平著／日経ビジネス人文庫）
3 『スティグリッツ入門経済学』（J・E・スティグリッツ著／東洋経済新報社）
4 『現代の金融政策』（白川方明著／日本経済新聞出版社）
5 『マーケティングマネジメント』（フィリップ・コトラー著／プレジデント社）
6 『現代語訳　論語と算盤』（渋沢栄一著／ちくま新書）
7 『プロテスタンティズムの倫理と資本主義の精神』（マックス・ヴェーバー著／岩波文庫）
8 『会社法入門』（神田秀樹著／岩波新書）
9 『マネジメント』（上・下）（ピーター・ドラッガー著／ダイヤモンド社）
10 『財務会計講義』（桜井久勝著／中央経済社）

おわりに　これからの時代を勝ち抜くための「読む力」

　本書でお伝えした「速読」「通読」「熟読」を通して、「読む力」とはどんなものなのか、その感覚をつかんでもらえましたか？
　本書で出題している問題は、新聞記事にせよ、私の本にせよ、問題そのものが、ビジネスや経済に関して書かれた内容がメインになっています。問題文を読むだけで、ビジネスにおける何かしらのヒントを得たり、ちょっとした発見ができたらしめたもの。そこから先は、あなた自身が気になる事柄を見つけ出し、「Why」を深め、様々なことを関連づけながら、その内容に関して理解を深めていってください。

「はじめに」で賃金の「二極化」のお話しをしましたが、これからは、日本のビジネスマンの「二極化」もますます進むと思います。すなわち、能力差が大きく出る仕事に携わる人で、その能力を十分に発揮する人の賃金は上がっていき、マニュアルに従えば誰でもやれる仕事は差別化もしにくく、派遣社員をはじめ非正規労働者との競争も激しくなるため賃金は停滞気味となるでしょう。

　両者の差はどんどん開いてしまうことが予想されます。
　能力差が大きく出る仕事とは、ほんの一例を挙げれば、マーケティングや営業、企画開発、研究、経営などが該当します。ただし、これらの仕事は、「Aをすれば絶対にBになる」というような"型"が存在しない、いわゆる非定型業務が多いですから能力差がつきやすいのが特徴です。

　こうした時代に、求められる能力が思考力です。
　かつては知識がある人は、それだけで「歩く百科事典」などと言われ重

宝されましたが、今は違います。ネットで検索すれば、ありとあらゆる情報が入手できる今、知識だけでは到底、太刀打ちできません。だからこそ、その知識を使ってアイデアを出したり、業務の革新を行ったりできるような、「知識を知恵に変えられる人」が求められているのです。

　その訓練のために最適なのが、まさに本書でお伝えしてきた「読む力」を身につけて、論理的思考力を高めることです。

　そのためには、良質なインプットを積み重ね、さらにじっくりと考えることです。書かれている内容をきちんと理解したうえで、気になる事柄を、他の物事などと結びつけながら深掘りしていく。それができるようになれば、論理レベルは上がり思考力は確実に高まります。

　本書『読む力ドリル』でインプットの仕方を覚えたら、各自で様々な本を、目的に応じて、速読、通読、熟読し、良質なインプットを積み重ねていってください。それが、近い将来の素晴らしいアウトプットの礎（いしずえ）になり、知識を知恵に変える原動力になっていきます。
　さらには、正しい生き方を身につけるために、長年読み継がれた良い本を重読してください。
「読む」とは何と発見が多くて楽しいことか、1人でも多くの人が気づき、日々の仕事に活かしてもらえたら本望です。

2012年7月吉日　小宮一慶

ビジネスマンの「必須スキル」シリーズ
読む力ドリル

2012年8月22日　初版発行

著　者……小宮一慶(こみやかずよし)
発行者……大和謙二
発行所……株式会社大和出版
　　東京都文京区音羽1-26-11　〒112-0013
　　電話　営業部 03-5978-8121／編集部 03-5978-8131
　　http://www.daiwashuppan.com

印刷所……誠宏印刷株式会社
製本所……ナショナル製本協同組合
装幀者……石間　淳
装画者……本田佳世

乱丁・落丁のものはお取替えいたします
定価はカバーに表示してあります
ⒸKazuyoshi Komiya　2012　Printed in Japan
ISBN978-4-8047-1783-8